The Big Book of Communications

Deirdre Haynes, Ed.S, LPCS, NCC, DCC

© 2017 Deirdre Haynes. All rights reserved worldwide.

This publication is protected under the US Copyright Act of 1976 and all other applicable international, federal, state, and local laws. No part of this work may be reproduced, distributed, or transmitted in any form or by any means, without the prior written permission of the author. In the case of brief quotations embodied in critical reviews and certain other noncommercial uses permitted by copyright laws, excerpts from the text may be used. It is requested in these instances to include credit to the author and if possible, a link to www.dhaynestherapy.com.

For permission requests, please contact the author directly at:
Deirdre Haynes
dhaynes@dhaynestherapy.com

WELCOME!

If you are anything like me, after a busy day of answering the phone and checking my voicemail messages, your desk is often littered with yellow sticky notes, random pink slips and scraps of notebook paper! After finally having my fill of taping follow-up notes to the computer only to find them on the floor in the morning, I decided to do something about it. I created **The Big Book of Communications**!

The Big Book of Communications is your catchall book for all the phone and text messages you receive on a daily basis. This book is broken up into three sections:

Messages	Page 5
Follow-Up	Page 107
Notes	Page 209

In this book, you have the much-needed space for 200 messages, 200 follow-up notes and 50 notes pages!

We all know how important it is to follow-up on calls and to make sure we have the documentation to prove it. So, keeping this in mind, I have also included areas to not only follow-up on a phone call but I've also included sections that allow you to refer back to previous pages so that none of your careful documentation gets lost within the pages of this book!

I hope that you get plenty of use out of this book and I thank you so much for purchasing **The Big Book of Communications**!

Sincerely,

Deirdre Haynes, Ed.S, LPCS, NCC, DCC

MESSAGES

MESSAGE

Date: _____ Time: _____Am/Pm

Type of Communication: __PHONE CALL (Telephone Number: _____)

　　　　　　　　　　　　__TEXT　　　　(Telephone Number: _____)

Name: _____

Affiliation/Business: _____

RE: _____

Message Notes:
_____
_____
_____

Return Call Number: _____

MESSAGE

Date: _____ Time: _____Am/Pm

Type of Communication: __PHONE CALL (Telephone Number: _____)

　　　　　　　　　　　　__TEXT　　　　(Telephone Number: _____)

Name: _____

Affiliation/Business: _____

RE: _____

Message Notes:
_____
_____
_____

Return Call Number: _____

MESSAGE

Date: _____ Time: _____Am/Pm

Type of Communication: __PHONE CALL (Telephone Number: _____)

__   __TEXT   (Telephone Number: _____)

Name: _____

Affiliation/Business: _____

RE: _____

Message Notes:
_____
_____
_____

Return Call Number: _____

MESSAGE

Date: _____ Time: _____Am/Pm

Type of Communication: __PHONE CALL (Telephone Number: _____)

                            __TEXT   (Telephone Number: _____)

Name: _____

Affiliation/Business: _____

RE: _____

Message Notes:
_____
_____
_____

Return Call Number: _____

MESSAGE

Date: _____ Time: _____ Am/Pm

Type of Communication: __PHONE CALL (Telephone Number: _____)

__TEXT   (Telephone Number: _____)

Name: _____

Affiliation/Business: _____

RE: _____

Message Notes:
_____
_____
_____

Return Call Number: _____

MESSAGE

Date: _____ Time: _____ Am/Pm

Type of Communication: __PHONE CALL (Telephone Number: _____)

__TEXT   (Telephone Number: _____)

Name: _____

Affiliation/Business: _____

RE: _____

Message Notes:
_____
_____
_____

Return Call Number: _____

MESSAGE

Date: _____ Time: _____Am/Pm

Type of Communication: __PHONE CALL (Telephone Number: _____)

__	 __TEXT (Telephone Number: _____)

Name: _____

Affiliation/Business: _____

RE: _____

Message Notes:
_____
_____
_____

Return Call Number: _____

MESSAGE

Date: _____ Time: _____Am/Pm

Type of Communication: __PHONE CALL (Telephone Number: _____)

                           __TEXT   (Telephone Number: _____)

Name: _____

Affiliation/Business: _____

RE: _____

Message Notes:
_____
_____
_____

Return Call Number: _____

MESSAGE

Date: _____ Time: _____ Am/Pm

Type of Communication: __PHONE CALL (Telephone Number: _____)

__ __TEXT (Telephone Number: _____)

Name: _____

Affiliation/Business: _____

RE: _____

Message Notes:
_____
_____
_____

Return Call Number: _____

MESSAGE

Date: _____ Time: _____ Am/Pm

Type of Communication: __PHONE CALL (Telephone Number: _____)

__TEXT (Telephone Number: _____)

Name: _____

Affiliation/Business: _____

RE: _____

Message Notes:
_____
_____
_____

Return Call Number: _____

MESSAGE

Date: _____ Time: _____Am/Pm

Type of Communication: __PHONE CALL (Telephone Number: _____)

__TEXT   (Telephone Number: _____)

Name: _____

Affiliation/Business: _____

RE: _____

Message Notes:
_____
_____
_____

Return Call Number: _____

MESSAGE

Date: _____ Time: _____Am/Pm

Type of Communication: __PHONE CALL (Telephone Number: _____)

__TEXT   (Telephone Number: _____)

Name: _____

Affiliation/Business: _____

RE: _____

Message Notes:
_____
_____
_____

Return Call Number: _____

MESSAGE

Date: _____ Time: _____Am/Pm

Type of Communication: __PHONE CALL (Telephone Number: _____)

__ __TEXT   (Telephone Number: _____)

Name: _____

Affiliation/Business: _____

RE: _____

Message Notes:
_____
_____
_____

Return Call Number: _____

MESSAGE

Date: _____ Time: _____Am/Pm

Type of Communication: __PHONE CALL (Telephone Number: _____)

__TEXT   (Telephone Number: _____)

Name: _____

Affiliation/Business: _____

RE: _____

Message Notes:
_____
_____
_____

Return Call Number: _____

MESSAGE

Date: _____ Time: _____Am/Pm

Type of Communication: __PHONE CALL (Telephone Number: _____)

__TEXT   (Telephone Number: _____)

Name: _____

Affiliation/Business: _____

RE: _____

Message Notes:
_____
_____
_____

Return Call Number: _____

MESSAGE

Date: _____ Time: _____Am/Pm

Type of Communication: __PHONE CALL (Telephone Number: _____)

__TEXT   (Telephone Number: _____)

Name: _____

Affiliation/Business: _____

RE: _____

Message Notes:
_____
_____
_____

Return Call Number: _____

MESSAGE

Date: _____ Time: _____Am/Pm

Type of Communication: __PHONE CALL (Telephone Number: _____)

__   __TEXT   (Telephone Number: _____)

Name: _____

Affiliation/Business: _____

RE: _____

Message Notes:
_____
_____
_____

Return Call Number: _____

MESSAGE

Date: _____ Time: _____Am/Pm

Type of Communication: __PHONE CALL (Telephone Number: _____)

                       __TEXT   (Telephone Number: _____)

Name: _____

Affiliation/Business: _____

RE: _____

Message Notes:
_____
_____
_____

Return Call Number: _____

MESSAGE

Date: _____ Time: _____Am/Pm

Type of Communication: __PHONE CALL (Telephone Number: _____)

__   __TEXT   (Telephone Number: _____)

Name: _____

Affiliation/Business: _____

RE: _____

Message Notes:
_____
_____
_____

Return Call Number: _____

☎ ☎ ☎ ☎ ☎ ☎ ☎ ☎

MESSAGE

Date: _____ Time: _____Am/Pm

Type of Communication: __PHONE CALL (Telephone Number: _____)

                          __TEXT   (Telephone Number: _____)

Name: _____

Affiliation/Business: _____

RE: _____

Message Notes:
_____
_____
_____

Return Call Number: _____

MESSAGE

Date: _____ Time: _____Am/Pm

Type of Communication: __PHONE CALL (Telephone Number: _____)

__TEXT   (Telephone Number: _____)

Name: _____

Affiliation/Business: _____

RE: _____

Message Notes:
_____
_____
_____

Return Call Number: _____

MESSAGE

Date: _____ Time: _____Am/Pm

Type of Communication: __PHONE CALL (Telephone Number: _____)

__TEXT   (Telephone Number: _____)

Name: _____

Affiliation/Business: _____

RE: _____

Message Notes:
_____
_____
_____

Return Call Number: _____

MESSAGE

Date: _____ Time: _____ Am/Pm

Type of Communication: __PHONE CALL (Telephone Number: _____)

__   __TEXT   (Telephone Number: _____)

Name: _____

Affiliation/Business: _____

RE: _____

Message Notes:
_____
_____
_____

Return Call Number: _____

MESSAGE

Date: _____ Time: _____ Am/Pm

Type of Communication: __PHONE CALL (Telephone Number: _____)

                           __TEXT   (Telephone Number: _____)

Name: _____

Affiliation/Business: _____

RE: _____

Message Notes:
_____
_____
_____

Return Call Number: _____

MESSAGE

Date: _____ Time: _____Am/Pm

Type of Communication: __PHONE CALL (Telephone Number: _____)

__ __TEXT (Telephone Number: _____)

Name: _____

Affiliation/Business: _____

RE: _____

Message Notes:
_____
_____
_____

Return Call Number: _____

MESSAGE

Date: _____ Time: _____Am/Pm

Type of Communication: __PHONE CALL (Telephone Number: _____)

__TEXT (Telephone Number: _____)

Name: _____

Affiliation/Business: _____

RE: _____

Message Notes:
_____
_____
_____

Return Call Number: _____

MESSAGE

Date: _____ Time: _____ Am/Pm

Type of Communication: __PHONE CALL (Telephone Number: _____)

__ __TEXT (Telephone Number: _____)

Name: _____

Affiliation/Business: _____

RE: _____

Message Notes:
_____
_____
_____

Return Call Number: _____

MESSAGE

Date: _____ Time: _____ Am/Pm

Type of Communication: __PHONE CALL (Telephone Number: _____)

__TEXT (Telephone Number: _____)

Name: _____

Affiliation/Business: _____

RE: _____

Message Notes:
_____
_____
_____

Return Call Number: _____

MESSAGE

Date: _____ Time: _____ Am/Pm

Type of Communication: __PHONE CALL (Telephone Number: _____)

__ __TEXT (Telephone Number: _____)

Name: _____

Affiliation/Business: _____

RE: _____

Message Notes:
_____
_____
_____

Return Call Number: _____

MESSAGE

Date: _____ Time: _____ Am/Pm

Type of Communication: __PHONE CALL (Telephone Number: _____)

__TEXT (Telephone Number: _____)

Name: _____

Affiliation/Business: _____

RE: _____

Message Notes:
_____
_____
_____

Return Call Number: _____

MESSAGE

Date: _____ Time: _____Am/Pm

Type of Communication: __PHONE CALL (Telephone Number: _____)

__TEXT (Telephone Number: _____)

Name: _____

Affiliation/Business: _____

RE: _____

Message Notes:
_____
_____
_____

Return Call Number: _____

MESSAGE

Date: _____ Time: _____Am/Pm

Type of Communication: __PHONE CALL (Telephone Number: _____)

__TEXT (Telephone Number: _____)

Name: _____

Affiliation/Business: _____

RE: _____

Message Notes:
_____
_____
_____

Return Call Number: _____

MESSAGE

Date: _____ Time: _____Am/Pm

Type of Communication: __PHONE CALL (Telephone Number: _____)

__   __TEXT (Telephone Number: _____)

Name: _____

Affiliation/Business: _____

RE: _____

Message Notes:
_____
_____
_____

Return Call Number: _____

MESSAGE

Date: _____ Time: _____Am/Pm

Type of Communication: __PHONE CALL (Telephone Number: _____)

                           __TEXT (Telephone Number: _____)

Name: _____

Affiliation/Business: _____

RE: _____

Message Notes:
_____
_____
_____

Return Call Number: _____

MESSAGE

Date: _____ Time: _____ Am/Pm

Type of Communication: __PHONE CALL (Telephone Number: _____)

__TEXT (Telephone Number: _____)

Name: _____

Affiliation/Business: _____

RE: _____

Message Notes:
_____
_____
_____

Return Call Number: _____

MESSAGE

Date: _____ Time: _____ Am/Pm

Type of Communication: __PHONE CALL (Telephone Number: _____)

__TEXT (Telephone Number: _____)

Name: _____

Affiliation/Business: _____

RE: _____

Message Notes:
_____
_____
_____

Return Call Number: _____

MESSAGE

Date: _____ Time: _____Am/Pm

Type of Communication: __PHONE CALL (Telephone Number: _____)

                                  __TEXT   (Telephone Number: _____)

Name: _____

Affiliation/Business: _____

RE: _____

Message Notes:
_____
_____
_____

Return Call Number: _____

MESSAGE

Date: _____ Time: _____Am/Pm

Type of Communication: __PHONE CALL (Telephone Number: _____)

                                    __TEXT   (Telephone Number: _____)

Name: _____

Affiliation/Business: _____

RE: _____

Message Notes:
_____
_____
_____

Return Call Number: _____

MESSAGE

Date: _____ Time: _____Am/Pm

Type of Communication: __PHONE CALL (Telephone Number: _____)

__   __TEXT   (Telephone Number: _____)

Name: _____

Affiliation/Business: _____

RE: _____

Message Notes:
_____
_____
_____

Return Call Number: _____

MESSAGE

Date: _____ Time: _____Am/Pm

Type of Communication: __PHONE CALL (Telephone Number: _____)

                                __TEXT   (Telephone Number: _____)

Name: _____

Affiliation/Business: _____

RE: _____

Message Notes:
_____
_____
_____

Return Call Number: _____

MESSAGE

Date: _____ Time: _____Am/Pm

Type of Communication: __PHONE CALL (Telephone Number: _____)

__TEXT   (Telephone Number: _____)

Name: _____

Affiliation/Business: _____

RE: _____

Message Notes:
_____
_____
_____

Return Call Number: _____

MESSAGE

Date: _____ Time: _____Am/Pm

Type of Communication: __PHONE CALL (Telephone Number: _____)

__TEXT   (Telephone Number: _____)

Name: _____

Affiliation/Business: _____

RE: _____

Message Notes:
_____
_____
_____

Return Call Number: _____

MESSAGE

Date: _____ Time: _____ Am/Pm

Type of Communication: __PHONE CALL (Telephone Number: _____)

__TEXT (Telephone Number: _____)

Name: _____

Affiliation/Business: _____

RE: _____

Message Notes:
_____
_____
_____

Return Call Number: _____

MESSAGE

Date: _____ Time: _____ Am/Pm

Type of Communication: __PHONE CALL (Telephone Number: _____)

__TEXT (Telephone Number: _____)

Name: _____

Affiliation/Business: _____

RE: _____

Message Notes:
_____
_____
_____

Return Call Number: _____

MESSAGE

Date: _____ Time: _____ Am/Pm

Type of Communication: __PHONE CALL (Telephone Number: _____)

__TEXT (Telephone Number: _____)

Name: _____

Affiliation/Business: _____

RE: _____

Message Notes:
_____
_____
_____

Return Call Number: _____

MESSAGE

Date: _____ Time: _____ Am/Pm

Type of Communication: __PHONE CALL (Telephone Number: _____)

__TEXT (Telephone Number: _____)

Name: _____

Affiliation/Business: _____

RE: _____

Message Notes:
_____
_____
_____

Return Call Number: _____

MESSAGE

Date: _____ Time: _____Am/Pm

Type of Communication: __PHONE CALL (Telephone Number: _____)

__TEXT   (Telephone Number: _____)

Name: _____

Affiliation/Business: _____

RE: _____

Message Notes:
_____
_____
_____

Return Call Number: _____

MESSAGE

Date: _____ Time: _____Am/Pm

Type of Communication: __PHONE CALL (Telephone Number: _____)

__TEXT   (Telephone Number: _____)

Name: _____

Affiliation/Business: _____

RE: _____

Message Notes:
_____
_____
_____

Return Call Number: _____

MESSAGE

Date: _____ Time: _____Am/Pm

Type of Communication: __PHONE CALL (Telephone Number: _____)

__TEXT   (Telephone Number: _____)

Name: _____

Affiliation/Business: _____

RE: _____

Message Notes:
_____
_____
_____

Return Call Number: _____

MESSAGE

Date: _____ Time: _____Am/Pm

Type of Communication: __PHONE CALL (Telephone Number: _____)

__TEXT   (Telephone Number: _____)

Name: _____

Affiliation/Business: _____

RE: _____

Message Notes:
_____
_____
_____

Return Call Number: _____

MESSAGE

Date: _____ Time: _____Am/Pm

Type of Communication: __PHONE CALL (Telephone Number: _____)

__TEXT   (Telephone Number: _____)

Name: _____

Affiliation/Business: _____

RE: _____

Message Notes:
_____
_____
_____

Return Call Number: _____

MESSAGE

Date: _____ Time: _____Am/Pm

Type of Communication: __PHONE CALL (Telephone Number: _____)

__TEXT   (Telephone Number: _____)

Name: _____

Affiliation/Business: _____

RE: _____

Message Notes:
_____
_____
_____

Return Call Number: _____

MESSAGE

Date: _____ Time: _____Am/Pm

Type of Communication: __PHONE CALL (Telephone Number: _____)

　　　　　　　　　　　　__TEXT　　　　(Telephone Number: _____)

Name: _____

Affiliation/Business: _____

RE: _____

Message Notes:
_____
_____
_____

Return Call Number: _____

MESSAGE

Date: _____ Time: _____Am/Pm

Type of Communication: __PHONE CALL (Telephone Number: _____)

　　　　　　　　　　　　__TEXT　　　　(Telephone Number: _____)

Name: _____

Affiliation/Business: _____

RE: _____

Message Notes:
_____
_____
_____

Return Call Number: _____

MESSAGE

Date: _____ Time: _____Am/Pm

Type of Communication: __PHONE CALL (Telephone Number: _____)

__TEXT   (Telephone Number: _____)

Name: _____

Affiliation/Business: _____

RE: _____

Message Notes:
_____
_____
_____

Return Call Number: _____

MESSAGE

Date: _____ Time: _____Am/Pm

Type of Communication: __PHONE CALL (Telephone Number: _____)

__TEXT   (Telephone Number: _____)

Name: _____

Affiliation/Business: _____

RE: _____

Message Notes:
_____
_____
_____

Return Call Number: _____

MESSAGE

Date: _____ Time: _____ Am/Pm

Type of Communication: __PHONE CALL (Telephone Number: _____)

__   __TEXT   (Telephone Number: _____)

Name: _____

Affiliation/Business: _____

RE: _____

Message Notes:
_____
_____
_____

Return Call Number: _____

MESSAGE

Date: _____ Time: _____ Am/Pm

Type of Communication: __PHONE CALL (Telephone Number: _____)

                              __TEXT   (Telephone Number: _____)

Name: _____

Affiliation/Business: _____

RE: _____

Message Notes:
_____
_____
_____

Return Call Number: _____

MESSAGE

Date: _____ Time: _____Am/Pm

Type of Communication: __PHONE CALL (Telephone Number: _____)

__   __TEXT   (Telephone Number: _____)

Name: _____

Affiliation/Business: _____

RE: _____

Message Notes:
_____
_____
_____

Return Call Number: _____

MESSAGE

Date: _____ Time: _____Am/Pm

Type of Communication: __PHONE CALL (Telephone Number: _____)

__TEXT   (Telephone Number: _____)

Name: _____

Affiliation/Business: _____

RE: _____

Message Notes:
_____
_____
_____

Return Call Number: _____

MESSAGE

Date: _____ Time: _____ Am/Pm

Type of Communication: __PHONE CALL (Telephone Number: _____)

__TEXT (Telephone Number: _____)

Name: _____

Affiliation/Business: _____

RE: _____

Message Notes:
_____
_____
_____

Return Call Number: _____

MESSAGE

Date: _____ Time: _____ Am/Pm

Type of Communication: __PHONE CALL (Telephone Number: _____)

__TEXT (Telephone Number: _____)

Name: _____

Affiliation/Business: _____

RE: _____

Message Notes:
_____
_____
_____

Return Call Number: _____

MESSAGE

Date: _____ Time: _____ Am/Pm

Type of Communication: __PHONE CALL (Telephone Number: _____)

__TEXT   (Telephone Number: _____)

Name: _____

Affiliation/Business: _____

RE: _____

Message Notes:
_____
_____
_____

Return Call Number: _____

MESSAGE

Date: _____ Time: _____ Am/Pm

Type of Communication: __PHONE CALL (Telephone Number: _____)

__TEXT   (Telephone Number: _____)

Name: _____

Affiliation/Business: _____

RE: _____

Message Notes:
_____
_____
_____

Return Call Number: _____

MESSAGE

Date: _____ Time: _____Am/Pm

Type of Communication: __PHONE CALL (Telephone Number: _____)

__   __TEXT   (Telephone Number: _____)

Name: _____

Affiliation/Business: _____

RE: _____

Message Notes:
_____
_____
_____

Return Call Number: _____

MESSAGE

Date: _____ Time: _____Am/Pm

Type of Communication: __PHONE CALL (Telephone Number: _____)

                                __TEXT   (Telephone Number: _____)

Name: _____

Affiliation/Business: _____

RE: _____

Message Notes:
_____
_____
_____

Return Call Number: _____

MESSAGE

Date: _____ Time: _____Am/Pm

Type of Communication: __PHONE CALL (Telephone Number: _____)

__ __TEXT (Telephone Number: _____)

Name: _____

Affiliation/Business: _____

RE: _____

Message Notes:
_____
_____
_____

Return Call Number: _____

MESSAGE

Date: _____ Time: _____Am/Pm

Type of Communication: __PHONE CALL (Telephone Number: _____)

__TEXT (Telephone Number: _____)

Name: _____

Affiliation/Business: _____

RE: _____

Message Notes:
_____
_____
_____

Return Call Number: _____

MESSAGE

Date: _____ Time: _____Am/Pm

Type of Communication: __PHONE CALL (Telephone Number: _____)

__TEXT (Telephone Number: _____)

Name: _____

Affiliation/Business: _____

RE: _____

Message Notes:
_____
_____
_____

Return Call Number: _____

MESSAGE

Date: _____ Time: _____Am/Pm

Type of Communication: __PHONE CALL (Telephone Number: _____)

__TEXT (Telephone Number: _____)

Name: _____

Affiliation/Business: _____

RE: _____

Message Notes:
_____
_____
_____

Return Call Number: _____

MESSAGE

Date: _____ Time: _____ Am/Pm

Type of Communication: __PHONE CALL (Telephone Number: _____)

__TEXT (Telephone Number: _____)

Name: _____

Affiliation/Business: _____

RE: _____

Message Notes:
_____
_____
_____

Return Call Number: _____

MESSAGE

Date: _____ Time: _____ Am/Pm

Type of Communication: __PHONE CALL (Telephone Number: _____)

__TEXT (Telephone Number: _____)

Name: _____

Affiliation/Business: _____

RE: _____

Message Notes:
_____
_____
_____

Return Call Number: _____

MESSAGE

Date: _____ Time: _____Am/Pm

Type of Communication: __PHONE CALL (Telephone Number: _____)

__   __TEXT   (Telephone Number: _____)

Name: _____

Affiliation/Business: _____

RE: _____

Message Notes:
_____
_____
_____

Return Call Number: _____

MESSAGE

Date: _____ Time: _____Am/Pm

Type of Communication: __PHONE CALL (Telephone Number: _____)

                            __TEXT   (Telephone Number: _____)

Name: _____

Affiliation/Business: _____

RE: _____

Message Notes:
_____
_____
_____

Return Call Number: _____

MESSAGE

Date: _____ Time: _____ Am/Pm

Type of Communication: __PHONE CALL (Telephone Number: _____)

__TEXT (Telephone Number: _____)

Name: _____

Affiliation/Business: _____

RE: _____

Message Notes:
_____
_____
_____

Return Call Number: _____

MESSAGE

Date: _____ Time: _____ Am/Pm

Type of Communication: __PHONE CALL (Telephone Number: _____)

__TEXT (Telephone Number: _____)

Name: _____

Affiliation/Business: _____

RE: _____

Message Notes:
_____
_____
_____

Return Call Number: _____

MESSAGE

Date: _____ Time: _____Am/Pm

Type of Communication: __PHONE CALL (Telephone Number: _____)

__TEXT   (Telephone Number: _____)

Name: _____

Affiliation/Business: _____

RE: _____

Message Notes:
_____
_____
_____

Return Call Number: _____

MESSAGE

Date: _____ Time: _____Am/Pm

Type of Communication: __PHONE CALL (Telephone Number: _____)

__TEXT   (Telephone Number: _____)

Name: _____

Affiliation/Business: _____

RE: _____

Message Notes:
_____
_____
_____

Return Call Number: _____

MESSAGE

Date: _____ Time: _____Am/Pm

Type of Communication: __PHONE CALL (Telephone Number: _____)

__   __TEXT   (Telephone Number: _____)

Name: _____

Affiliation/Business: _____

RE: _____

Message Notes:
_____
_____
_____

Return Call Number: _____

MESSAGE

Date: _____ Time: _____Am/Pm

Type of Communication: __PHONE CALL (Telephone Number: _____)

__TEXT   (Telephone Number: _____)

Name: _____

Affiliation/Business: _____

RE: _____

Message Notes:
_____
_____
_____

Return Call Number: _____

MESSAGE

Date: _____ Time: _____Am/Pm

Type of Communication: __PHONE CALL (Telephone Number: _____)

__TEXT   (Telephone Number: _____)

Name: _____

Affiliation/Business: _____

RE: _____

Message Notes:
_____
_____
_____

Return Call Number: _____

MESSAGE

Date: _____ Time: _____Am/Pm

Type of Communication: __PHONE CALL (Telephone Number: _____)

__TEXT   (Telephone Number: _____)

Name: _____

Affiliation/Business: _____

RE: _____

Message Notes:
_____
_____
_____

Return Call Number: _____

MESSAGE

Date: _____ Time: _____ Am/Pm

Type of Communication: __PHONE CALL (Telephone Number: _____)

__TEXT (Telephone Number: _____)

Name: _____

Affiliation/Business: _____

RE: _____

Message Notes:
_____
_____
_____

Return Call Number: _____

MESSAGE

Date: _____ Time: _____ Am/Pm

Type of Communication: __PHONE CALL (Telephone Number: _____)

__TEXT (Telephone Number: _____)

Name: _____

Affiliation/Business: _____

RE: _____

Message Notes:
_____
_____
_____

Return Call Number: _____

MESSAGE

Date: _____ Time: _____Am/Pm

Type of Communication: __PHONE CALL (Telephone Number: _____)

__   __TEXT   (Telephone Number: _____)

Name: _____

Affiliation/Business: _____

RE: _____

Message Notes:
_____
_____
_____

Return Call Number: _____

MESSAGE

Date: _____ Time: _____Am/Pm

Type of Communication: __PHONE CALL (Telephone Number: _____)

__TEXT   (Telephone Number: _____)

Name: _____

Affiliation/Business: _____

RE: _____

Message Notes:
_____
_____
_____

Return Call Number: _____

MESSAGE

Date: _____ Time: _____Am/Pm

Type of Communication: __PHONE CALL (Telephone Number: _____)

__TEXT   (Telephone Number: _____)

Name: _____

Affiliation/Business: _____

RE: _____

Message Notes:
_____
_____
_____

Return Call Number: _____

MESSAGE

Date: _____ Time: _____Am/Pm

Type of Communication: __PHONE CALL (Telephone Number: _____)

__TEXT   (Telephone Number: _____)

Name: _____

Affiliation/Business: _____

RE: _____

Message Notes:
_____
_____
_____

Return Call Number: _____

MESSAGE

Date: _____ Time: _____Am/Pm

Type of Communication: __PHONE CALL (Telephone Number: _____)

__TEXT   (Telephone Number: _____)

Name: _____

Affiliation/Business: _____

RE: _____

Message Notes:
_____
_____
_____

Return Call Number: _____

MESSAGE

Date: _____ Time: _____Am/Pm

Type of Communication: __PHONE CALL (Telephone Number: _____)

__TEXT   (Telephone Number: _____)

Name: _____

Affiliation/Business: _____

RE: _____

Message Notes:
_____
_____
_____

Return Call Number: _____

MESSAGE

Date: _____ Time: _____Am/Pm

Type of Communication: __PHONE CALL (Telephone Number: _____)

__   __TEXT   (Telephone Number: _____)

Name: _____

Affiliation/Business: _____

RE: _____

Message Notes:
_____
_____
_____

Return Call Number: _____

MESSAGE

Date: _____ Time: _____Am/Pm

Type of Communication: __PHONE CALL (Telephone Number: _____)

       __TEXT   (Telephone Number: _____)

Name: _____

Affiliation/Business: _____

RE: _____

Message Notes:
_____
_____
_____

Return Call Number: _____

MESSAGE

Date: _____ Time: _____Am/Pm

Type of Communication: __PHONE CALL (Telephone Number: _____)

__   __TEXT   (Telephone Number: _____)

Name: _____

Affiliation/Business: _____

RE: _____

Message Notes:
_____
_____
_____

Return Call Number: _____

MESSAGE

Date: _____ Time: _____Am/Pm

Type of Communication: __PHONE CALL (Telephone Number: _____)

__TEXT   (Telephone Number: _____)

Name: _____

Affiliation/Business: _____

RE: _____

Message Notes:
_____
_____
_____

Return Call Number: _____

MESSAGE

Date: _____ Time: _____Am/Pm

Type of Communication: __PHONE CALL (Telephone Number: _____)

__   __TEXT   (Telephone Number: _____)

Name: _____

Affiliation/Business: _____

RE: _____

Message Notes:
_____
_____
_____

Return Call Number: _____

MESSAGE

Date: _____ Time: _____Am/Pm

Type of Communication: __PHONE CALL (Telephone Number: _____)

__TEXT   (Telephone Number: _____)

Name: _____

Affiliation/Business: _____

RE: _____

Message Notes:
_____
_____
_____

Return Call Number: _____

MESSAGE

Date: _____ Time: _____Am/Pm

Type of Communication: __PHONE CALL (Telephone Number: _____)

__TEXT   (Telephone Number: _____)

Name: _____

Affiliation/Business: _____

RE: _____

Message Notes:
_____
_____
_____

Return Call Number: _____

MESSAGE

Date: _____ Time: _____Am/Pm

Type of Communication: __PHONE CALL (Telephone Number: _____)

__TEXT   (Telephone Number: _____)

Name: _____

Affiliation/Business: _____

RE: _____

Message Notes:
_____
_____
_____

Return Call Number: _____

MESSAGE

Date: _____ Time: _____Am/Pm

Type of Communication: __PHONE CALL (Telephone Number: _____)

__TEXT (Telephone Number: _____)

Name: _____

Affiliation/Business: _____

RE: _____

Message Notes:
_____
_____
_____

Return Call Number: _____

MESSAGE

Date: _____ Time: _____Am/Pm

Type of Communication: __PHONE CALL (Telephone Number: _____)

__TEXT (Telephone Number: _____)

Name: _____

Affiliation/Business: _____

RE: _____

Message Notes:
_____
_____
_____

Return Call Number: _____

MESSAGE

Date: _____ Time: _____Am/Pm

Type of Communication: __PHONE CALL (Telephone Number: _____)

__TEXT   (Telephone Number: _____)

Name: _____

Affiliation/Business: _____

RE: _____

Message Notes:
_____
_____
_____

Return Call Number: _____

MESSAGE

Date: _____ Time: _____Am/Pm

Type of Communication: __PHONE CALL (Telephone Number: _____)

__TEXT   (Telephone Number: _____)

Name: _____

Affiliation/Business: _____

RE: _____

Message Notes:
_____
_____
_____

Return Call Number: _____

MESSAGE

Date: _____ Time: _____Am/Pm

Type of Communication: __PHONE CALL (Telephone Number: _____)

__TEXT (Telephone Number: _____)

Name: _____

Affiliation/Business: _____

RE: _____

Message Notes:
_____
_____
_____

Return Call Number: _____

MESSAGE

Date: _____ Time: _____Am/Pm

Type of Communication: __PHONE CALL (Telephone Number: _____)

__TEXT (Telephone Number: _____)

Name: _____

Affiliation/Business: _____

RE: _____

Message Notes:
_____
_____
_____

Return Call Number: _____

MESSAGE

Date: _____ Time: _____ Am/Pm

Type of Communication: __PHONE CALL (Telephone Number: _____)

__TEXT (Telephone Number: _____)

Name: _____

Affiliation/Business: _____

RE: _____

Message Notes:
_____
_____
_____

Return Call Number: _____

MESSAGE

Date: _____ Time: _____ Am/Pm

Type of Communication: __PHONE CALL (Telephone Number: _____)

__TEXT (Telephone Number: _____)

Name: _____

Affiliation/Business: _____

RE: _____

Message Notes:
_____
_____
_____

Return Call Number: _____

MESSAGE

Date: _____ Time: _____ Am/Pm

Type of Communication: __PHONE CALL (Telephone Number: _____)

__TEXT (Telephone Number: _____)

Name: _____

Affiliation/Business: _____

RE: _____

Message Notes:
_____
_____
_____

Return Call Number: _____

MESSAGE

Date: _____ Time: _____ Am/Pm

Type of Communication: __PHONE CALL (Telephone Number: _____)

__TEXT (Telephone Number: _____)

Name: _____

Affiliation/Business: _____

RE: _____

Message Notes:
_____
_____
_____

Return Call Number: _____

MESSAGE

Date: _____ Time: _____Am/Pm

Type of Communication: __PHONE CALL (Telephone Number: _____)

__   __TEXT   (Telephone Number: _____)

Name: _____

Affiliation/Business: _____

RE: _____

Message Notes:
_____
_____
_____

Return Call Number: _____

MESSAGE

Date: _____ Time: _____Am/Pm

Type of Communication: __PHONE CALL (Telephone Number: _____)

__TEXT   (Telephone Number: _____)

Name: _____

Affiliation/Business: _____

RE: _____

Message Notes:
_____
_____
_____

Return Call Number: _____

MESSAGE

Date: _____ Time: _____Am/Pm

Type of Communication: __PHONE CALL (Telephone Number: _____)

__TEXT (Telephone Number: _____)

Name: _____

Affiliation/Business: _____

RE: _____

Message Notes:
_____
_____
_____

Return Call Number: _____

MESSAGE

Date: _____ Time: _____Am/Pm

Type of Communication: __PHONE CALL (Telephone Number: _____)

__TEXT (Telephone Number: _____)

Name: _____

Affiliation/Business: _____

RE: _____

Message Notes:
_____
_____
_____

Return Call Number: _____

MESSAGE

Date: _____ Time: _____Am/Pm

Type of Communication: __PHONE CALL (Telephone Number: _____)

__   __TEXT   (Telephone Number: _____)

Name: _____

Affiliation/Business: _____

RE: _____

Message Notes:
_____
_____
_____

Return Call Number: _____

MESSAGE

Date: _____ Time: _____Am/Pm

Type of Communication: __PHONE CALL (Telephone Number: _____)

                               __TEXT   (Telephone Number: _____)

Name: _____

Affiliation/Business: _____

RE: _____

Message Notes:
_____
_____
_____

Return Call Number: _____

MESSAGE

Date: _____ Time: _____Am/Pm

Type of Communication: __PHONE CALL (Telephone Number: _____)

__   __TEXT   (Telephone Number: _____)

Name: _____

Affiliation/Business: _____

RE: _____

Message Notes:
_____
_____
_____

Return Call Number: _____

MESSAGE

Date: _____ Time: _____Am/Pm

Type of Communication: __PHONE CALL (Telephone Number: _____)

__TEXT   (Telephone Number: _____)

Name: _____

Affiliation/Business: _____

RE: _____

Message Notes:
_____
_____
_____

Return Call Number: _____

MESSAGE

Date: _____ Time: _____ Am/Pm

Type of Communication: __PHONE CALL (Telephone Number: _____)

__TEXT (Telephone Number: _____)

Name: _____

Affiliation/Business: _____

RE: _____

Message Notes:
_____
_____
_____

Return Call Number: _____

MESSAGE

Date: _____ Time: _____ Am/Pm

Type of Communication: __PHONE CALL (Telephone Number: _____)

__TEXT (Telephone Number: _____)

Name: _____

Affiliation/Business: _____

RE: _____

Message Notes:
_____
_____
_____

Return Call Number: _____

MESSAGE

Date: _____ Time: _____Am/Pm

Type of Communication: __PHONE CALL (Telephone Number: _____)

__TEXT   (Telephone Number: _____)

Name: _____

Affiliation/Business: _____

RE: _____

Message Notes:
_____
_____
_____

Return Call Number: _____

☎ ☎ ☎ ☎ ☎ ☎ ☎ ☎

MESSAGE

Date: _____ Time: _____Am/Pm

Type of Communication: __PHONE CALL (Telephone Number: _____)

__TEXT   (Telephone Number: _____)

Name: _____

Affiliation/Business: _____

RE: _____

Message Notes:
_____
_____
_____

Return Call Number: _____

MESSAGE

Date: _____ Time: _____ Am/Pm

Type of Communication: __PHONE CALL (Telephone Number: _____)

__TEXT   (Telephone Number: _____)

Name: _____

Affiliation/Business: _____

RE: _____

Message Notes:
_____
_____
_____

Return Call Number: _____

MESSAGE

Date: _____ Time: _____ Am/Pm

Type of Communication: __PHONE CALL (Telephone Number: _____)

__TEXT   (Telephone Number: _____)

Name: _____

Affiliation/Business: _____

RE: _____

Message Notes:
_____
_____
_____

Return Call Number: _____

MESSAGE

Date: _____ Time: _____Am/Pm

Type of Communication: __PHONE CALL (Telephone Number: _____)

__TEXT   (Telephone Number: _____)

Name: _____

Affiliation/Business: _____

RE: _____

Message Notes:
_____
_____
_____

Return Call Number: _____

MESSAGE

Date: _____ Time: _____Am/Pm

Type of Communication: __PHONE CALL (Telephone Number: _____)

__TEXT   (Telephone Number: _____)

Name: _____

Affiliation/Business: _____

RE: _____

Message Notes:
_____
_____
_____

Return Call Number: _____

MESSAGE

Date: _____ Time: _____Am/Pm

Type of Communication: __PHONE CALL (Telephone Number: _____)

__TEXT   (Telephone Number: _____)

Name: _____

Affiliation/Business: _____

RE: _____

Message Notes:
_____
_____
_____

Return Call Number: _____

MESSAGE

Date: _____ Time: _____Am/Pm

Type of Communication: __PHONE CALL (Telephone Number: _____)

__TEXT   (Telephone Number: _____)

Name: _____

Affiliation/Business: _____

RE: _____

Message Notes:
_____
_____
_____

Return Call Number: _____

MESSAGE

Date: _____ Time: _____Am/Pm

Type of Communication: __PHONE CALL (Telephone Number: _____)

__   __TEXT   (Telephone Number: _____)

Name: _____

Affiliation/Business: _____

RE: _____

Message Notes:
_____
_____
_____

Return Call Number: _____

MESSAGE

Date: _____ Time: _____Am/Pm

Type of Communication: __PHONE CALL (Telephone Number: _____)

__TEXT   (Telephone Number: _____)

Name: _____

Affiliation/Business: _____

RE: _____

Message Notes:
_____
_____
_____

Return Call Number: _____

MESSAGE

Date: _____ Time: _____Am/Pm

Type of Communication: __PHONE CALL (Telephone Number: _____)

__TEXT   (Telephone Number: _____)

Name: _____

Affiliation/Business: _____

RE: _____

Message Notes:
_____
_____
_____

Return Call Number: _____

MESSAGE

Date: _____ Time: _____Am/Pm

Type of Communication: __PHONE CALL (Telephone Number: _____)

__TEXT   (Telephone Number: _____)

Name: _____

Affiliation/Business: _____

RE: _____

Message Notes:
_____
_____
_____

Return Call Number: _____

MESSAGE

Date: _____ Time: _____ Am/Pm

Type of Communication: __PHONE CALL (Telephone Number: _____)

__ 　　　　　　　　　　__TEXT　　　　(Telephone Number: _____)

Name: _____

Affiliation/Business: _____

RE: _____

Message Notes:
_____
_____
_____

Return Call Number: _____

MESSAGE

Date: _____ Time: _____ Am/Pm

Type of Communication: __PHONE CALL (Telephone Number: _____)

　　　　　　　　　　　　__TEXT　　　　(Telephone Number: _____)

Name: _____

Affiliation/Business: _____

RE: _____

Message Notes:
_____
_____
_____

Return Call Number: _____

MESSAGE

Date: _____ Time: _____Am/Pm

Type of Communication: __PHONE CALL (Telephone Number: _____)

__TEXT   (Telephone Number: _____)

Name: _____

Affiliation/Business: _____

RE: _____

Message Notes:
_____
_____
_____

Return Call Number: _____

MESSAGE

Date: _____ Time: _____Am/Pm

Type of Communication: __PHONE CALL (Telephone Number: _____)

__TEXT   (Telephone Number: _____)

Name: _____

Affiliation/Business: _____

RE: _____

Message Notes:
_____
_____
_____

Return Call Number: _____

MESSAGE

Date: _____ Time: _____Am/Pm

Type of Communication: __PHONE CALL (Telephone Number: _____)

__   __TEXT   (Telephone Number: _____)

Name: _____

Affiliation/Business: _____

RE: _____

Message Notes:
_____
_____
_____

Return Call Number: _____

MESSAGE

Date: _____ Time: _____Am/Pm

Type of Communication: __PHONE CALL (Telephone Number: _____)

                       __TEXT   (Telephone Number: _____)

Name: _____

Affiliation/Business: _____

RE: _____

Message Notes:
_____
_____
_____

Return Call Number: _____

MESSAGE

Date: _____ Time: _____Am/Pm

Type of Communication: __PHONE CALL (Telephone Number: _____)

__	__TEXT	(Telephone Number: _____)

Name: _____

Affiliation/Business: _____

RE: _____

Message Notes:
_____
_____
_____

Return Call Number: _____

MESSAGE

Date: _____ Time: _____Am/Pm

Type of Communication: __PHONE CALL (Telephone Number: _____)

__TEXT	(Telephone Number: _____)

Name: _____

Affiliation/Business: _____

RE: _____

Message Notes:
_____
_____
_____

Return Call Number: _____

MESSAGE

Date: _____ Time: _____Am/Pm

Type of Communication: __PHONE CALL (Telephone Number: _____)

__TEXT (Telephone Number: _____)

Name: _____

Affiliation/Business: _____

RE: _____

Message Notes:
_____
_____
_____

Return Call Number: _____

MESSAGE

Date: _____ Time: _____Am/Pm

Type of Communication: __PHONE CALL (Telephone Number: _____)

__TEXT (Telephone Number: _____)

Name: _____

Affiliation/Business: _____

RE: _____

Message Notes:
_____
_____
_____

Return Call Number: _____

MESSAGE

Date: _____ Time: _____Am/Pm

Type of Communication: __PHONE CALL (Telephone Number: _____)

__TEXT (Telephone Number: _____)

Name: _____

Affiliation/Business: _____

RE: _____

Message Notes:
_____
_____
_____

Return Call Number: _____

MESSAGE

Date: _____ Time: _____Am/Pm

Type of Communication: __PHONE CALL (Telephone Number: _____)

__TEXT (Telephone Number: _____)

Name: _____

Affiliation/Business: _____

RE: _____

Message Notes:
_____
_____
_____

Return Call Number: _____

MESSAGE

Date: _____ Time: _____ Am/Pm

Type of Communication: __PHONE CALL (Telephone Number: _____)

__TEXT   (Telephone Number: _____)

Name: _____

Affiliation/Business: _____

RE: _____

Message Notes:
_____
_____
_____

Return Call Number: _____

MESSAGE

Date: _____ Time: _____ Am/Pm

Type of Communication: __PHONE CALL (Telephone Number: _____)

__TEXT   (Telephone Number: _____)

Name: _____

Affiliation/Business: _____

RE: _____

Message Notes:
_____
_____
_____

Return Call Number: _____

MESSAGE

Date: _____ Time: _____ Am/Pm

Type of Communication: __PHONE CALL (Telephone Number: _____)

__TEXT   (Telephone Number: _____)

Name: _____

Affiliation/Business: _____

RE: _____

Message Notes:
_____
_____
_____

Return Call Number: _____

MESSAGE

Date: _____ Time: _____ Am/Pm

Type of Communication: __PHONE CALL (Telephone Number: _____)

__TEXT   (Telephone Number: _____)

Name: _____

Affiliation/Business: _____

RE: _____

Message Notes:
_____
_____
_____

Return Call Number: _____

MESSAGE

Date: _____ Time: _____Am/Pm

Type of Communication: __PHONE CALL (Telephone Number: _____)

__TEXT   (Telephone Number: _____)

Name: _____

Affiliation/Business: _____

RE: _____

Message Notes:
_____
_____
_____

Return Call Number: _____

MESSAGE

Date: _____ Time: _____Am/Pm

Type of Communication: __PHONE CALL (Telephone Number: _____)

__TEXT   (Telephone Number: _____)

Name: _____

Affiliation/Business: _____

RE: _____

Message Notes:
_____
_____
_____

Return Call Number: _____

MESSAGE

Date: _____ Time: _____Am/Pm

Type of Communication: __PHONE CALL (Telephone Number: _____)

__TEXT (Telephone Number: _____)

Name: _____

Affiliation/Business: _____

RE: _____

Message Notes:
_____
_____
_____

Return Call Number: _____

MESSAGE

Date: _____ Time: _____Am/Pm

Type of Communication: __PHONE CALL (Telephone Number: _____)

__TEXT (Telephone Number: _____)

Name: _____

Affiliation/Business: _____

RE: _____

Message Notes:
_____
_____
_____

Return Call Number: _____

MESSAGE

Date: _____ Time: _____Am/Pm

Type of Communication: __PHONE CALL (Telephone Number: _____)

__TEXT   (Telephone Number: _____)

Name: _____

Affiliation/Business: _____

RE: _____

Message Notes:
_____
_____
_____

Return Call Number: _____

MESSAGE

Date: _____ Time: _____Am/Pm

Type of Communication: __PHONE CALL (Telephone Number: _____)

__TEXT   (Telephone Number: _____)

Name: _____

Affiliation/Business: _____

RE: _____

Message Notes:
_____
_____
_____

Return Call Number: _____

MESSAGE

Date: _____ Time: _____Am/Pm

Type of Communication: __PHONE CALL (Telephone Number: _____)

__TEXT (Telephone Number: _____)

Name: _____

Affiliation/Business: _____

RE: _____

Message Notes:
_____
_____
_____

Return Call Number: _____

MESSAGE

Date: _____ Time: _____Am/Pm

Type of Communication: __PHONE CALL (Telephone Number: _____)

__TEXT (Telephone Number: _____)

Name: _____

Affiliation/Business: _____

RE: _____

Message Notes:
_____
_____
_____

Return Call Number: _____

MESSAGE

Date: _____ Time: _____Am/Pm

Type of Communication: __PHONE CALL (Telephone Number: _____)

__TEXT   (Telephone Number: _____)

Name: _____

Affiliation/Business: _____

RE: _____

Message Notes:
_____
_____
_____

Return Call Number: _____

MESSAGE

Date: _____ Time: _____Am/Pm

Type of Communication: __PHONE CALL (Telephone Number: _____)

__TEXT   (Telephone Number: _____)

Name: _____

Affiliation/Business: _____

RE: _____

Message Notes:
_____
_____
_____

Return Call Number: _____

MESSAGE

Date: _____ Time: _____ Am/Pm

Type of Communication: __PHONE CALL (Telephone Number: _____)

__TEXT (Telephone Number: _____)

Name: _____

Affiliation/Business: _____

RE: _____

Message Notes:
_____
_____
_____

Return Call Number: _____

MESSAGE

Date: _____ Time: _____ Am/Pm

Type of Communication: __PHONE CALL (Telephone Number: _____)

__TEXT (Telephone Number: _____)

Name: _____

Affiliation/Business: _____

RE: _____

Message Notes:
_____
_____
_____

Return Call Number: _____

MESSAGE

Date: _____ Time: _____Am/Pm

Type of Communication: __PHONE CALL (Telephone Number: _____)

__TEXT   (Telephone Number: _____)

Name: _____

Affiliation/Business: _____

RE: _____

Message Notes:
_____
_____
_____

Return Call Number: _____

MESSAGE

Date: _____ Time: _____Am/Pm

Type of Communication: __PHONE CALL (Telephone Number: _____)

__TEXT   (Telephone Number: _____)

Name: _____

Affiliation/Business: _____

RE: _____

Message Notes:
_____
_____
_____

Return Call Number: _____

MESSAGE

Date: _____ Time: _____Am/Pm

Type of Communication: __PHONE CALL (Telephone Number: _____)

__TEXT   (Telephone Number: _____)

Name: _____

Affiliation/Business: _____

RE: _____

Message Notes:
_____
_____
_____

Return Call Number: _____

MESSAGE

Date: _____ Time: _____Am/Pm

Type of Communication: __PHONE CALL (Telephone Number: _____)

__TEXT   (Telephone Number: _____)

Name: _____

Affiliation/Business: _____

RE: _____

Message Notes:
_____
_____
_____

Return Call Number: _____

MESSAGE

Date: _____ Time: _____ Am/Pm

Type of Communication: __PHONE CALL (Telephone Number: _____)

__TEXT (Telephone Number: _____)

Name: _____

Affiliation/Business: _____

RE: _____

Message Notes:
_____
_____
_____

Return Call Number: _____

MESSAGE

Date: _____ Time: _____ Am/Pm

Type of Communication: __PHONE CALL (Telephone Number: _____)

__TEXT (Telephone Number: _____)

Name: _____

Affiliation/Business: _____

RE: _____

Message Notes:
_____
_____
_____

Return Call Number: _____

MESSAGE

Date: _____ Time: _____Am/Pm

Type of Communication: __PHONE CALL (Telephone Number: _____)

__TEXT   (Telephone Number: _____)

Name: _____

Affiliation/Business: _____

RE: _____

Message Notes:
_____
_____
_____

Return Call Number: _____

MESSAGE

Date: _____ Time: _____Am/Pm

Type of Communication: __PHONE CALL (Telephone Number: _____)

__TEXT   (Telephone Number: _____)

Name: _____

Affiliation/Business: _____

RE: _____

Message Notes:
_____
_____
_____

Return Call Number: _____

MESSAGE

Date: _____ Time: _____Am/Pm

Type of Communication: __PHONE CALL (Telephone Number: _____)

__ __TEXT (Telephone Number: _____)

Name: _____

Affiliation/Business: _____

RE: _____

Message Notes:
_____
_____
_____

Return Call Number: _____

MESSAGE

Date: _____ Time: _____Am/Pm

Type of Communication: __PHONE CALL (Telephone Number: _____)

__TEXT (Telephone Number: _____)

Name: _____

Affiliation/Business: _____

RE: _____

Message Notes:
_____
_____
_____

Return Call Number: _____

MESSAGE

Date: _____ Time: _____Am/Pm

Type of Communication: __PHONE CALL (Telephone Number: _____)

__TEXT (Telephone Number: _____)

Name: _____

Affiliation/Business: _____

RE: _____

Message Notes:
_____
_____
_____

Return Call Number: _____

MESSAGE

Date: _____ Time: _____Am/Pm

Type of Communication: __PHONE CALL (Telephone Number: _____)

__TEXT (Telephone Number: _____)

Name: _____

Affiliation/Business: _____

RE: _____

Message Notes:
_____
_____
_____

Return Call Number: _____

MESSAGE

Date: _____ Time: _____Am/Pm

Type of Communication: __PHONE CALL (Telephone Number: _____)

__TEXT   (Telephone Number: _____)

Name: _____

Affiliation/Business: _____

RE: _____

Message Notes:
_____
_____
_____

Return Call Number: _____

MESSAGE

Date: _____ Time: _____Am/Pm

Type of Communication: __PHONE CALL (Telephone Number: _____)

__TEXT   (Telephone Number: _____)

Name: _____

Affiliation/Business: _____

RE: _____

Message Notes:
_____
_____
_____

Return Call Number: _____

MESSAGE

Date: _____ Time: _____ Am/Pm

Type of Communication: __PHONE CALL (Telephone Number: _____)

__TEXT (Telephone Number: _____)

Name: _____

Affiliation/Business: _____

RE: _____

Message Notes:
_____
_____
_____

Return Call Number: _____

MESSAGE

Date: _____ Time: _____ Am/Pm

Type of Communication: __PHONE CALL (Telephone Number: _____)

__TEXT (Telephone Number: _____)

Name: _____

Affiliation/Business: _____

RE: _____

Message Notes:
_____
_____
_____

Return Call Number: _____

MESSAGE

Date: _____ Time: _____Am/Pm

Type of Communication: __PHONE CALL (Telephone Number: _____)

__TEXT (Telephone Number: _____)

Name: _____

Affiliation/Business: _____

RE: _____

Message Notes:
_____
_____
_____

Return Call Number: _____

MESSAGE

Date: _____ Time: _____Am/Pm

Type of Communication: __PHONE CALL (Telephone Number: _____)

__TEXT (Telephone Number: _____)

Name: _____

Affiliation/Business: _____

RE: _____

Message Notes:
_____
_____
_____

Return Call Number: _____

MESSAGE

Date: _____ Time: _____Am/Pm

Type of Communication: __PHONE CALL (Telephone Number: _____)

　　　　　　　　　　　　__TEXT　　　(Telephone Number: _____)

Name: _____

Affiliation/Business: _____

RE: _____

Message Notes:
_____
_____
_____

Return Call Number: _____

MESSAGE

Date: _____ Time: _____Am/Pm

Type of Communication: __PHONE CALL (Telephone Number: _____)

　　　　　　　　　　　　__TEXT　　　(Telephone Number: _____)

Name: _____

Affiliation/Business: _____

RE: _____

Message Notes:
_____
_____
_____

Return Call Number: _____

MESSAGE

Date: _____ Time: _____Am/Pm

Type of Communication: __PHONE CALL (Telephone Number: _____)

__TEXT (Telephone Number: _____)

Name: _____

Affiliation/Business: _____

RE: _____

Message Notes:
_____
_____
_____

Return Call Number: _____

MESSAGE

Date: _____ Time: _____Am/Pm

Type of Communication: __PHONE CALL (Telephone Number: _____)

__TEXT (Telephone Number: _____)

Name: _____

Affiliation/Business: _____

RE: _____

Message Notes:
_____
_____
_____

Return Call Number: _____

MESSAGE

Date: _____ Time: _____ Am/Pm

Type of Communication: __PHONE CALL (Telephone Number: _____)

__ __TEXT (Telephone Number: _____)

Name: _____

Affiliation/Business: _____

RE: _____

Message Notes:
_____
_____
_____

Return Call Number: _____

MESSAGE

Date: _____ Time: _____ Am/Pm

Type of Communication: __PHONE CALL (Telephone Number: _____)

__TEXT (Telephone Number: _____)

Name: _____

Affiliation/Business: _____

RE: _____

Message Notes:
_____
_____
_____

Return Call Number: _____

MESSAGE

Date: _____ Time: _____Am/Pm

Type of Communication: __PHONE CALL (Telephone Number: _____)

__TEXT (Telephone Number: _____)

Name: _____

Affiliation/Business: _____

RE: _____

Message Notes:
_____
_____
_____

Return Call Number: _____

MESSAGE

Date: _____ Time: _____Am/Pm

Type of Communication: __PHONE CALL (Telephone Number: _____)

__TEXT (Telephone Number: _____)

Name: _____

Affiliation/Business: _____

RE: _____

Message Notes:
_____
_____
_____

Return Call Number: _____

MESSAGE

Date: _____ Time: _____ Am/Pm

Type of Communication: __PHONE CALL (Telephone Number: _____)

__TEXT (Telephone Number: _____)

Name: _____

Affiliation/Business: _____

RE: _____

Message Notes:
_____
_____
_____

Return Call Number: _____

MESSAGE

Date: _____ Time: _____ Am/Pm

Type of Communication: __PHONE CALL (Telephone Number: _____)

__TEXT (Telephone Number: _____)

Name: _____

Affiliation/Business: _____

RE: _____

Message Notes:
_____
_____
_____

Return Call Number: _____

MESSAGE

Date: _____ Time: _____Am/Pm

Type of Communication: __PHONE CALL (Telephone Number: _____)

__TEXT   (Telephone Number: _____)

Name: _____

Affiliation/Business: _____

RE: _____

Message Notes:
_____
_____
_____

Return Call Number: _____

MESSAGE

Date: _____ Time: _____Am/Pm

Type of Communication: __PHONE CALL (Telephone Number: _____)

__TEXT   (Telephone Number: _____)

Name: _____

Affiliation/Business: _____

RE: _____

Message Notes:
_____
_____
_____

Return Call Number: _____

MESSAGE

Date: _____ Time: _____Am/Pm

Type of Communication: __PHONE CALL (Telephone Number: _____)

__TEXT   (Telephone Number: _____)

Name: _____

Affiliation/Business: _____

RE: _____

Message Notes:
_____
_____
_____

Return Call Number: _____

MESSAGE

Date: _____ Time: _____Am/Pm

Type of Communication: __PHONE CALL (Telephone Number: _____)

__TEXT   (Telephone Number: _____)

Name: _____

Affiliation/Business: _____

RE: _____

Message Notes:
_____
_____
_____

Return Call Number: _____

MESSAGE

Date: _____ Time: _____Am/Pm

Type of Communication: __PHONE CALL (Telephone Number: _____)

__TEXT   (Telephone Number: _____)

Name: _____

Affiliation/Business: _____

RE: _____

Message Notes:
_____
_____
_____

Return Call Number: _____

MESSAGE

Date: _____ Time: _____Am/Pm

Type of Communication: __PHONE CALL (Telephone Number: _____)

__TEXT   (Telephone Number: _____)

Name: _____

Affiliation/Business: _____

RE: _____

Message Notes:
_____
_____
_____

Return Call Number: _____

MESSAGE

Date: _____ Time: _____ Am/Pm

Type of Communication: __PHONE CALL (Telephone Number: _____)

__   __TEXT   (Telephone Number: _____)

Name: _____

Affiliation/Business: _____

RE: _____

Message Notes:
_____
_____
_____

Return Call Number: _____

MESSAGE

Date: _____ Time: _____ Am/Pm

Type of Communication: __PHONE CALL (Telephone Number: _____)

                       __TEXT   (Telephone Number: _____)

Name: _____

Affiliation/Business: _____

RE: _____

Message Notes:
_____
_____
_____

Return Call Number: _____

MESSAGE

Date: _____ Time: _____Am/Pm

Type of Communication: __PHONE CALL (Telephone Number: _____)

__ __TEXT (Telephone Number: _____)

Name: _____

Affiliation/Business: _____

RE: _____

Message Notes:
_____
_____
_____

Return Call Number: _____

MESSAGE

Date: _____ Time: _____Am/Pm

Type of Communication: __PHONE CALL (Telephone Number: _____)

__TEXT (Telephone Number: _____)

Name: _____

Affiliation/Business: _____

RE: _____

Message Notes:
_____
_____
_____

Return Call Number: _____

MESSAGE

Date: _____ Time: _____ Am/Pm

Type of Communication: __PHONE CALL (Telephone Number: _____)

__   __TEXT   (Telephone Number: _____)

Name: _____

Affiliation/Business: _____

RE: _____

Message Notes:
_____
_____
_____

Return Call Number: _____

☎ ☎ ☎ ☎ ☎ ☎ ☎ ☎

MESSAGE

Date: _____ Time: _____ Am/Pm

Type of Communication: __PHONE CALL (Telephone Number: _____)

__TEXT   (Telephone Number: _____)

Name: _____

Affiliation/Business: _____

RE: _____

Message Notes:
_____
_____
_____

Return Call Number: _____

MESSAGE

Date: _____ Time: _____Am/Pm

Type of Communication: __PHONE CALL (Telephone Number: _____)

                                  __TEXT   (Telephone Number: _____)

Name: _____

Affiliation/Business: _____

RE: _____

Message Notes:
_____
_____
_____

Return Call Number: _____

MESSAGE

Date: _____ Time: _____Am/Pm

Type of Communication: __PHONE CALL (Telephone Number: _____)

                                    __TEXT   (Telephone Number: _____)

Name: _____

Affiliation/Business: _____

RE: _____

Message Notes:
_____
_____
_____

Return Call Number: _____

MESSAGE

Date: _____ Time: _____ Am/Pm

Type of Communication: __PHONE CALL (Telephone Number: _____)

__TEXT (Telephone Number: _____)

Name: _____

Affiliation/Business: _____

RE: _____

Message Notes:
_____
_____
_____

Return Call Number: _____

MESSAGE

Date: _____ Time: _____ Am/Pm

Type of Communication: __PHONE CALL (Telephone Number: _____)

__TEXT (Telephone Number: _____)

Name: _____

Affiliation/Business: _____

RE: _____

Message Notes:
_____
_____
_____

Return Call Number: _____

FOLLOW-UP

FOLLOW-UP INFORMATION

Refer to page _____ for additional information.

Number Called For Follow-up: _____

Date Called/Text: _____ Time Called/Text: _____

Spoke with: _____

Results:
__ Left Voice Mail Message   ___ Phone Disconnected: ___   Wrong Number __ No Voice Mail Set-Up
__ Attempt #1 __ Attempt #2 __ Attempt #3 __ Attempt #4 __ Attempt #5 __ # of Attempts

Additional Numbers Called and Results:
1. _____
2. _____
3. _____

Notes:
_____
_____
_____

****

FOLLOW-UP INFORMATION

Refer to page _____ for additional information.

Number Called For Follow-up: _____

Date Called/Text: _____ Time Called/Text: _____

Spoke with: _____

Results:
__ Left Voice Mail Message   ___ Phone Disconnected: ___   Wrong Number __ No Voice Mail Set-Up
__ Attempt #1 __ Attempt #2 __ Attempt #3 __ Attempt #4 __ Attempt #5 __ # of Attempts

Additional Numbers Called and Results:
1. _____
2. _____
3. _____

Notes:
_____
_____
_____

FOLLOW-UP INFORMATION

Refer to page _____ for additional information.

Number Called For Follow-up: _____

Date Called/Text: _____ Time Called/Text: _____

Spoke with: _____

Results:
__ Left Voice Mail Message ___ Phone Disconnected: ___ Wrong Number __ No Voice Mail Set-Up
__ Attempt #1 __ Attempt #2 __ Attempt #3 __ Attempt #4 __ Attempt #5 __ # of Attempts

Additional Numbers Called and Results:
1. _____
2. _____
3. _____

Notes:
_____
_____
_____

****

FOLLOW-UP INFORMATION

Refer to page _____ for additional information.

Number Called For Follow-up: _____

Date Called/Text: _____ Time Called/Text: _____

Spoke with: _____

Results:
__ Left Voice Mail Message ___ Phone Disconnected: ___ Wrong Number __ No Voice Mail Set-Up
__ Attempt #1 __ Attempt #2 __ Attempt #3 __ Attempt #4 __ Attempt #5 __ # of Attempts

Additional Numbers Called and Results:
1. _____
2. _____
3. _____

Notes:
_____
_____
_____

FOLLOW-UP INFORMATION

Refer to page _____ for additional information.

Number Called For Follow-up: _____

Date Called/Text: _____ Time Called/Text: _____

Spoke with: _____

Results:
__ Left Voice Mail Message ___ Phone Disconnected: ___ Wrong Number __ No Voice Mail Set-Up
__ Attempt #1 __ Attempt #2 __ Attempt #3 __ Attempt #4 __ Attempt #5 __ # of Attempts

Additional Numbers Called and Results:
1. _____
2. _____
3. _____

Notes:
_____
_____
_____

****

FOLLOW-UP INFORMATION

Refer to page _____ for additional information.

Number Called For Follow-up: _____

Date Called/Text: _____ Time Called/Text: _____

Spoke with: _____

Results:
__ Left Voice Mail Message ___ Phone Disconnected: ___ Wrong Number __ No Voice Mail Set-Up
__ Attempt #1 __ Attempt #2 __ Attempt #3 __ Attempt #4 __ Attempt #5 __ # of Attempts

Additional Numbers Called and Results:
1. _____
2. _____
3. _____

Notes:
_____
_____
_____

FOLLOW-UP INFORMATION

Refer to page _____ for additional information.

Number Called For Follow-up: _____

Date Called/Text: _____ Time Called/Text: _____

Spoke with: _____

Results:
__ Left Voice Mail Message ___ Phone Disconnected: ___ Wrong Number __ No Voice Mail Set-Up
__ Attempt #1 __ Attempt #2 __ Attempt #3 __ Attempt #4 __ Attempt #5 __ # of Attempts

Additional Numbers Called and Results:
1. _____
2. _____
3. _____

Notes:
_____
_____
_____

****

FOLLOW-UP INFORMATION

Refer to page _____ for additional information.

Number Called For Follow-up: _____

Date Called/Text: _____ Time Called/Text: _____

Spoke with: _____

Results:
__ Left Voice Mail Message ___ Phone Disconnected: ___ Wrong Number __ No Voice Mail Set-Up
__ Attempt #1 __ Attempt #2 __ Attempt #3 __ Attempt #4 __ Attempt #5 __ # of Attempts

Additional Numbers Called and Results:
1. _____
2. _____
3. _____

Notes:
_____
_____
_____

FOLLOW-UP INFORMATION

Refer to page _____ for additional information.

Number Called For Follow-up: _____

Date Called/Text: _____ Time Called/Text: _____

Spoke with: _____

Results:
__ Left Voice Mail Message ___ Phone Disconnected: ___ Wrong Number __ No Voice Mail Set-Up
__ Attempt #1 __ Attempt #2 __ Attempt #3 __ Attempt #4 __ Attempt #5 __ # of Attempts

Additional Numbers Called and Results:
   1. _____
   2. _____
   3. _____

Notes:
_____
_____
_____

****

FOLLOW-UP INFORMATION

Refer to page _____ for additional information.

Number Called For Follow-up: _____

Date Called/Text: _____ Time Called/Text: _____

Spoke with: _____

Results:
__ Left Voice Mail Message ___ Phone Disconnected: ___ Wrong Number __ No Voice Mail Set-Up
__ Attempt #1 __ Attempt #2 __ Attempt #3 __ Attempt #4 __ Attempt #5 __ # of Attempts

Additional Numbers Called and Results:
   1. _____
   2. _____
   3. _____

Notes:
_____
_____
_____

FOLLOW-UP INFORMATION

Refer to page _____ for additional information.

Number Called For Follow-up: _____

Date Called/Text: _____ Time Called/Text: _____

Spoke with: _____

Results:
__ Left Voice Mail Message ___ Phone Disconnected: ___ Wrong Number __ No Voice Mail Set-Up
__ Attempt #1 __ Attempt #2 __ Attempt #3 __ Attempt #4 __ Attempt #5 __ # of Attempts

Additional Numbers Called and Results:
   1. _____
   2. _____
   3. _____

Notes:
_____
_____
_____

****

FOLLOW-UP INFORMATION

Refer to page _____ for additional information.

Number Called For Follow-up: _____

Date Called/Text: _____ Time Called/Text: _____

Spoke with: _____

Results:
__ Left Voice Mail Message ___ Phone Disconnected: ___ Wrong Number __ No Voice Mail Set-Up
__ Attempt #1 __ Attempt #2 __ Attempt #3 __ Attempt #4 __ Attempt #5 __ # of Attempts

Additional Numbers Called and Results:
   1. _____
   2. _____
   3. _____

Notes:
_____
_____
_____

FOLLOW-UP INFORMATION

Refer to page _____ for additional information.

Number Called For Follow-up: _____

Date Called/Text: _____ Time Called/Text: _____

Spoke with: _____

Results:
__ Left Voice Mail Message ___ Phone Disconnected: ___ Wrong Number __ No Voice Mail Set-Up
__ Attempt #1 __ Attempt #2 __ Attempt #3 __ Attempt #4 __ Attempt #5 __ # of Attempts

Additional Numbers Called and Results:
1. _____
2. _____
3. _____

Notes:
_____
_____
_____

****

FOLLOW-UP INFORMATION

Refer to page _____ for additional information.

Number Called For Follow-up: _____

Date Called/Text: _____ Time Called/Text: _____

Spoke with: _____

Results:
__ Left Voice Mail Message ___ Phone Disconnected: ___ Wrong Number __ No Voice Mail Set-Up
__ Attempt #1 __ Attempt #2 __ Attempt #3 __ Attempt #4 __ Attempt #5 __ # of Attempts

Additional Numbers Called and Results:
1. _____
2. _____
3. _____

Notes:
_____
_____
_____

FOLLOW-UP INFORMATION

Refer to page _____ for additional information.

Number Called For Follow-up: _____

Date Called/Text: _____ Time Called/Text: _____

Spoke with: _____

Results:
__ Left Voice Mail Message ___ Phone Disconnected: ___ Wrong Number __ No Voice Mail Set-Up
__ Attempt #1 __ Attempt #2 __ Attempt #3 __ Attempt #4 __ Attempt #5 __ # of Attempts

Additional Numbers Called and Results:
1. _____
2. _____
3. _____

Notes:
_____
_____
_____

****

FOLLOW-UP INFORMATION

Refer to page _____ for additional information.

Number Called For Follow-up: _____

Date Called/Text: _____ Time Called/Text: _____

Spoke with: _____

Results:
__ Left Voice Mail Message ___ Phone Disconnected: ___ Wrong Number __ No Voice Mail Set-Up
__ Attempt #1 __ Attempt #2 __ Attempt #3 __ Attempt #4 __ Attempt #5 __ # of Attempts

Additional Numbers Called and Results:
1. _____
2. _____
3. _____

Notes:
_____
_____
_____

FOLLOW-UP INFORMATION

Refer to page _____ for additional information.

Number Called For Follow-up: _____

Date Called/Text: _____ Time Called/Text: _____

Spoke with: _____

Results:
__ Left Voice Mail Message ___ Phone Disconnected: ___ Wrong Number __ No Voice Mail Set-Up
__ Attempt #1 __ Attempt #2 __ Attempt #3 __ Attempt #4 __ Attempt #5 __ # of Attempts

Additional Numbers Called and Results:
   1. _____
   2. _____
   3. _____

Notes:
_____
_____
_____

****

FOLLOW-UP INFORMATION

Refer to page _____ for additional information.

Number Called For Follow-up: _____

Date Called/Text: _____ Time Called/Text: _____

Spoke with: _____

Results:
__ Left Voice Mail Message ___ Phone Disconnected: ___ Wrong Number __ No Voice Mail Set-Up
__ Attempt #1 __ Attempt #2 __ Attempt #3 __ Attempt #4 __ Attempt #5 __ # of Attempts

Additional Numbers Called and Results:
   1. _____
   2. _____
   3. _____

Notes:
_____
_____
_____

FOLLOW-UP INFORMATION

Refer to page _____ for additional information.

Number Called For Follow-up: _____

Date Called/Text: _____ Time Called/Text: _____

Spoke with: _____

Results:
__ Left Voice Mail Message ___ Phone Disconnected: ___ Wrong Number __ No Voice Mail Set-Up
__ Attempt #1 __ Attempt #2 __ Attempt #3 __ Attempt #4 __ Attempt #5 __ # of Attempts

Additional Numbers Called and Results:
1. _____
2. _____
3. _____

Notes:
_____
_____
_____

****

FOLLOW-UP INFORMATION

Refer to page _____ for additional information.

Number Called For Follow-up: _____

Date Called/Text: _____ Time Called/Text: _____

Spoke with: _____

Results:
__ Left Voice Mail Message ___ Phone Disconnected: ___ Wrong Number __ No Voice Mail Set-Up
__ Attempt #1 __ Attempt #2 __ Attempt #3 __ Attempt #4 __ Attempt #5 __ # of Attempts

Additional Numbers Called and Results:
1. _____
2. _____
3. _____

Notes:
_____
_____
_____

FOLLOW-UP INFORMATION

Refer to page _____ for additional information.

Number Called For Follow-up: _____

Date Called/Text: _____ Time Called/Text: _____

Spoke with: _____

Results:
__ Left Voice Mail Message ___ Phone Disconnected: ___ Wrong Number __ No Voice Mail Set-Up
__ Attempt #1 __ Attempt #2 __ Attempt #3 __ Attempt #4 __ Attempt #5 __ # of Attempts

Additional Numbers Called and Results:
1. _____
2. _____
3. _____

Notes:
_____
_____
_____

****

FOLLOW-UP INFORMATION

Refer to page _____ for additional information.

Number Called For Follow-up: _____

Date Called/Text: _____ Time Called/Text: _____

Spoke with: _____

Results:
__ Left Voice Mail Message ___ Phone Disconnected: ___ Wrong Number __ No Voice Mail Set-Up
__ Attempt #1 __ Attempt #2 __ Attempt #3 __ Attempt #4 __ Attempt #5 __ # of Attempts

Additional Numbers Called and Results:
1. _____
2. _____
3. _____

Notes:
_____
_____
_____

FOLLOW-UP INFORMATION

Refer to page _____ for additional information.

Number Called For Follow-up: _____

Date Called/Text: _____ Time Called/Text: _____

Spoke with: _____

Results:
___ Left Voice Mail Message ___ Phone Disconnected: ___ Wrong Number ___ No Voice Mail Set-Up
___ Attempt #1 ___ Attempt #2 ___ Attempt #3 ___ Attempt #4 ___ Attempt #5 ___ # of Attempts

Additional Numbers Called and Results:
1. _____
2. _____
3. _____

Notes:
_____
_____
_____

****

FOLLOW-UP INFORMATION

Refer to page _____ for additional information.

Number Called For Follow-up: _____

Date Called/Text: _____ Time Called/Text: _____

Spoke with: _____

Results:
___ Left Voice Mail Message ___ Phone Disconnected: ___ Wrong Number ___ No Voice Mail Set-Up
___ Attempt #1 ___ Attempt #2 ___ Attempt #3 ___ Attempt #4 ___ Attempt #5 ___ # of Attempts

Additional Numbers Called and Results:
1. _____
2. _____
3. _____

Notes:
_____
_____
_____

FOLLOW-UP INFORMATION

Refer to page _____ for additional information.

Number Called For Follow-up: _____

Date Called/Text: _____ Time Called/Text: _____

Spoke with: _____

Results:
__ Left Voice Mail Message ___ Phone Disconnected: ___ Wrong Number __ No Voice Mail Set-Up
__ Attempt #1 __ Attempt #2 __ Attempt #3 __ Attempt #4 __ Attempt #5 __ # of Attempts

Additional Numbers Called and Results:
1. _____
2. _____
3. _____

Notes:
_____
_____
_____

****

FOLLOW-UP INFORMATION

Refer to page _____ for additional information.

Number Called For Follow-up: _____

Date Called/Text: _____ Time Called/Text: _____

Spoke with: _____

Results:
__ Left Voice Mail Message ___ Phone Disconnected: ___ Wrong Number __ No Voice Mail Set-Up
__ Attempt #1 __ Attempt #2 __ Attempt #3 __ Attempt #4 __ Attempt #5 __ # of Attempts

Additional Numbers Called and Results:
1. _____
2. _____
3. _____

Notes:
_____
_____
_____

FOLLOW-UP INFORMATION

Refer to page _____ for additional information.

Number Called For Follow-up: _____

Date Called/Text: _____ Time Called/Text: _____

Spoke with: _____

Results:
__ Left Voice Mail Message ___ Phone Disconnected: ___ Wrong Number __ No Voice Mail Set-Up
__ Attempt #1 __ Attempt #2 __ Attempt #3 __ Attempt #4 __ Attempt #5 __ # of Attempts

Additional Numbers Called and Results:
1. _____
2. _____
3. _____

Notes:
_____
_____
_____

****

FOLLOW-UP INFORMATION

Refer to page _____ for additional information.

Number Called For Follow-up: _____

Date Called/Text: _____ Time Called/Text: _____

Spoke with: _____

Results:
__ Left Voice Mail Message ___ Phone Disconnected: ___ Wrong Number __ No Voice Mail Set-Up
__ Attempt #1 __ Attempt #2 __ Attempt #3 __ Attempt #4 __ Attempt #5 __ # of Attempts

Additional Numbers Called and Results:
1. _____
2. _____
3. _____

Notes:
_____
_____
_____

FOLLOW-UP INFORMATION

Refer to page _____ for additional information.

Number Called For Follow-up: _____

Date Called/Text: _____ Time Called/Text: _____

Spoke with: _____

Results:
___ Left Voice Mail Message ___ Phone Disconnected: ___ Wrong Number ___ No Voice Mail Set-Up
___ Attempt #1 ___ Attempt #2 ___ Attempt #3 ___ Attempt #4 ___ Attempt #5 ___ # of Attempts

Additional Numbers Called and Results:
1. _____
2. _____
3. _____

Notes:
_____
_____
_____
_____

****

FOLLOW-UP INFORMATION

Refer to page _____ for additional information.

Number Called For Follow-up: _____

Date Called/Text: _____ Time Called/Text: _____

Spoke with: _____

Results:
___ Left Voice Mail Message ___ Phone Disconnected: ___ Wrong Number ___ No Voice Mail Set-Up
___ Attempt #1 ___ Attempt #2 ___ Attempt #3 ___ Attempt #4 ___ Attempt #5 ___ # of Attempts

Additional Numbers Called and Results:
1. _____
2. _____
3. _____

Notes:
_____
_____
_____
_____

FOLLOW-UP INFORMATION

Refer to page _____ for additional information.

Number Called For Follow-up: _____

Date Called/Text: _____ Time Called/Text: _____

Spoke with: _____

Results:
__ Left Voice Mail Message ___ Phone Disconnected: ___ Wrong Number __ No Voice Mail Set-Up
__ Attempt #1 __ Attempt #2 __ Attempt #3 __ Attempt #4 __ Attempt #5 __ # of Attempts

Additional Numbers Called and Results:
1. _____
2. _____
3. _____

Notes:
_____
_____
_____
_____

****

FOLLOW-UP INFORMATION

Refer to page _____ for additional information.

Number Called For Follow-up: _____

Date Called/Text: _____ Time Called/Text: _____

Spoke with: _____

Results:
__ Left Voice Mail Message ___ Phone Disconnected: ___ Wrong Number __ No Voice Mail Set-Up
__ Attempt #1 __ Attempt #2 __ Attempt #3 __ Attempt #4 __ Attempt #5 __ # of Attempts

Additional Numbers Called and Results:
1. _____
2. _____
3. _____

Notes:
_____
_____
_____
_____

FOLLOW-UP INFORMATION

Refer to page _____ for additional information.

Number Called For Follow-up: _____

Date Called/Text: _____ Time Called/Text: _____

Spoke with: _____

Results:
__ Left Voice Mail Message ___ Phone Disconnected: ___ Wrong Number __ No Voice Mail Set-Up
__ Attempt #1 __ Attempt #2 __ Attempt #3 __ Attempt #4 __ Attempt #5 __ # of Attempts

Additional Numbers Called and Results:
  1. _____
  2. _____
  3. _____

Notes:
_____
_____
_____

****

FOLLOW-UP INFORMATION

Refer to page _____ for additional information.

Number Called For Follow-up: _____

Date Called/Text: _____ Time Called/Text: _____

Spoke with: _____

Results:
__ Left Voice Mail Message ___ Phone Disconnected: ___ Wrong Number __ No Voice Mail Set-Up
__ Attempt #1 __ Attempt #2 __ Attempt #3 __ Attempt #4 __ Attempt #5 __ # of Attempts

Additional Numbers Called and Results:
  1. _____
  2. _____
  3. _____

Notes:
_____
_____
_____

FOLLOW-UP INFORMATION

Refer to page _____ for additional information.

Number Called For Follow-up: _____

Date Called/Text: _____   Time Called/Text: _____

Spoke with: _____

Results:
___ Left Voice Mail Message   ___ Phone Disconnected: ___   Wrong Number   ___ No Voice Mail Set-Up
___ Attempt #1   ___ Attempt #2   ___ Attempt #3   ___ Attempt #4   ___ Attempt #5   ___ # of Attempts

Additional Numbers Called and Results:
1. _____
2. _____
3. _____

Notes:
_____
_____
_____

****

FOLLOW-UP INFORMATION

Refer to page _____ for additional information.

Number Called For Follow-up: _____

Date Called/Text: _____   Time Called/Text: _____

Spoke with: _____

Results:
___ Left Voice Mail Message   ___ Phone Disconnected: ___   Wrong Number   ___ No Voice Mail Set-Up
___ Attempt #1   ___ Attempt #2   ___ Attempt #3   ___ Attempt #4   ___ Attempt #5   ___ # of Attempts

Additional Numbers Called and Results:
1. _____
2. _____
3. _____

Notes:
_____
_____
_____

FOLLOW-UP INFORMATION

Refer to page _____ for additional information.

Number Called For Follow-up: _____

Date Called/Text: _____ Time Called/Text: _____

Spoke with: _____

Results:
__ Left Voice Mail Message ___ Phone Disconnected: ___ Wrong Number __ No Voice Mail Set-Up
__ Attempt #1 __ Attempt #2 __ Attempt #3 __ Attempt #4 __ Attempt #5 __ # of Attempts

Additional Numbers Called and Results:
   1. _____
   2. _____
   3. _____

Notes:
_____
_____
_____

****

FOLLOW-UP INFORMATION

Refer to page _____ for additional information.

Number Called For Follow-up: _____

Date Called/Text: _____ Time Called/Text: _____

Spoke with: _____

Results:
__ Left Voice Mail Message ___ Phone Disconnected: ___ Wrong Number __ No Voice Mail Set-Up
__ Attempt #1 __ Attempt #2 __ Attempt #3 __ Attempt #4 __ Attempt #5 __ # of Attempts

Additional Numbers Called and Results:
   1. _____
   2. _____
   3. _____

Notes:
_____
_____
_____

FOLLOW-UP INFORMATION

Refer to page _____ for additional information.

Number Called For Follow-up: _____

Date Called/Text: _____ Time Called/Text: _____

Spoke with: _____

Results:
__ Left Voice Mail Message ___ Phone Disconnected: ___ Wrong Number __ No Voice Mail Set-Up
__ Attempt #1 __ Attempt #2 __ Attempt #3 __ Attempt #4 __ Attempt #5 __ # of Attempts

Additional Numbers Called and Results:
1. _____
2. _____
3. _____

Notes:
_____
_____
_____

****

FOLLOW-UP INFORMATION

Refer to page _____ for additional information.

Number Called For Follow-up: _____

Date Called/Text: _____ Time Called/Text: _____

Spoke with: _____

Results:
__ Left Voice Mail Message ___ Phone Disconnected: ___ Wrong Number __ No Voice Mail Set-Up
__ Attempt #1 __ Attempt #2 __ Attempt #3 __ Attempt #4 __ Attempt #5 __ # of Attempts

Additional Numbers Called and Results:
1. _____
2. _____
3. _____

Notes:
_____
_____
_____

FOLLOW-UP INFORMATION

Refer to page _____ for additional information.

Number Called For Follow-up: _____

Date Called/Text: _____ Time Called/Text: _____

Spoke with: _____

Results:
__ Left Voice Mail Message ___ Phone Disconnected: ___ Wrong Number __ No Voice Mail Set-Up
__ Attempt #1 __ Attempt #2 __ Attempt #3 __ Attempt #4 __ Attempt #5 __ # of Attempts

Additional Numbers Called and Results:
1. _____
2. _____
3. _____

Notes:
_____
_____
_____

****

FOLLOW-UP INFORMATION

Refer to page _____ for additional information.

Number Called For Follow-up: _____

Date Called/Text: _____ Time Called/Text: _____

Spoke with: _____

Results:
__ Left Voice Mail Message ___ Phone Disconnected: ___ Wrong Number __ No Voice Mail Set-Up
__ Attempt #1 __ Attempt #2 __ Attempt #3 __ Attempt #4 __ Attempt #5 __ # of Attempts

Additional Numbers Called and Results:
1. _____
2. _____
3. _____

Notes:
_____
_____
_____

FOLLOW-UP INFORMATION

Refer to page _____ for additional information.

Number Called For Follow-up: _____

Date Called/Text: _____ Time Called/Text: _____

Spoke with: _____

Results:
__ Left Voice Mail Message ___ Phone Disconnected: ___ Wrong Number __ No Voice Mail Set-Up
__ Attempt #1 __ Attempt #2 __ Attempt #3 __ Attempt #4 __ Attempt #5 __ # of Attempts

Additional Numbers Called and Results:
1. _____
2. _____
3. _____

Notes:
_____
_____
_____

****

FOLLOW-UP INFORMATION

Refer to page _____ for additional information.

Number Called For Follow-up: _____

Date Called/Text: _____ Time Called/Text: _____

Spoke with: _____

Results:
__ Left Voice Mail Message ___ Phone Disconnected: ___ Wrong Number __ No Voice Mail Set-Up
__ Attempt #1 __ Attempt #2 __ Attempt #3 __ Attempt #4 __ Attempt #5 __ # of Attempts

Additional Numbers Called and Results:
1. _____
2. _____
3. _____

Notes:
_____
_____
_____

FOLLOW-UP INFORMATION

Refer to page _____ for additional information.

Number Called For Follow-up: _____

Date Called/Text: _____ Time Called/Text: _____

Spoke with: _____

Results:
__ Left Voice Mail Message ___ Phone Disconnected: ___ Wrong Number __ No Voice Mail Set-Up
__ Attempt #1 __ Attempt #2 __ Attempt #3 __ Attempt #4 __ Attempt #5 __ # of Attempts

Additional Numbers Called and Results:
1. _____
2. _____
3. _____

Notes:
_____
_____
_____

****

FOLLOW-UP INFORMATION

Refer to page _____ for additional information.

Number Called For Follow-up: _____

Date Called/Text: _____ Time Called/Text: _____

Spoke with: _____

Results:
__ Left Voice Mail Message ___ Phone Disconnected: ___ Wrong Number __ No Voice Mail Set-Up
__ Attempt #1 __ Attempt #2 __ Attempt #3 __ Attempt #4 __ Attempt #5 __ # of Attempts

Additional Numbers Called and Results:
1. _____
2. _____
3. _____

Notes:
_____
_____
_____

FOLLOW-UP INFORMATION

Refer to page _____ for additional information.

Number Called For Follow-up: _____

Date Called/Text: _____ Time Called/Text: _____

Spoke with: _____

Results:
___ Left Voice Mail Message ___ Phone Disconnected: ___ Wrong Number ___ No Voice Mail Set-Up
___ Attempt #1 ___ Attempt #2 ___ Attempt #3 ___ Attempt #4 ___ Attempt #5 ___ # of Attempts

Additional Numbers Called and Results:
1. _____
2. _____
3. _____

Notes:
_____
_____
_____

****

FOLLOW-UP INFORMATION

Refer to page _____ for additional information.

Number Called For Follow-up: _____

Date Called/Text: _____ Time Called/Text: _____

Spoke with: _____

Results:
___ Left Voice Mail Message ___ Phone Disconnected: ___ Wrong Number ___ No Voice Mail Set-Up
___ Attempt #1 ___ Attempt #2 ___ Attempt #3 ___ Attempt #4 ___ Attempt #5 ___ # of Attempts

Additional Numbers Called and Results:
1. _____
2. _____
3. _____

Notes:
_____
_____
_____

FOLLOW-UP INFORMATION

Refer to page _____ for additional information.

Number Called For Follow-up: _____

Date Called/Text: _____ Time Called/Text: _____

Spoke with: _____

Results:
__ Left Voice Mail Message ___ Phone Disconnected: ___ Wrong Number __ No Voice Mail Set-Up
__ Attempt #1 __ Attempt #2 __ Attempt #3 __ Attempt #4 __ Attempt #5 __ # of Attempts

Additional Numbers Called and Results:
1. _____
2. _____
3. _____

Notes:
_____
_____
_____

****

FOLLOW-UP INFORMATION

Refer to page _____ for additional information.

Number Called For Follow-up: _____

Date Called/Text: _____ Time Called/Text: _____

Spoke with: _____

Results:
__ Left Voice Mail Message ___ Phone Disconnected: ___ Wrong Number __ No Voice Mail Set-Up
__ Attempt #1 __ Attempt #2 __ Attempt #3 __ Attempt #4 __ Attempt #5 __ # of Attempts

Additional Numbers Called and Results:
1. _____
2. _____
3. _____

Notes:
_____
_____
_____

FOLLOW-UP INFORMATION

Refer to page _____ for additional information.

Number Called For Follow-up: _____

Date Called/Text: _____ Time Called/Text: _____

Spoke with: _____

Results:
__ Left Voice Mail Message ___ Phone Disconnected: ___ Wrong Number __ No Voice Mail Set-Up
__ Attempt #1 __ Attempt #2 __ Attempt #3 __ Attempt #4 __ Attempt #5 __ # of Attempts

Additional Numbers Called and Results:
1. _____
2. _____
3. _____

Notes:
_____
_____
_____

****

FOLLOW-UP INFORMATION

Refer to page _____ for additional information.

Number Called For Follow-up: _____

Date Called/Text: _____ Time Called/Text: _____

Spoke with: _____

Results:
__ Left Voice Mail Message ___ Phone Disconnected: ___ Wrong Number __ No Voice Mail Set-Up
__ Attempt #1 __ Attempt #2 __ Attempt #3 __ Attempt #4 __ Attempt #5 __ # of Attempts

Additional Numbers Called and Results:
1. _____
2. _____
3. _____

Notes:
_____
_____
_____

FOLLOW-UP INFORMATION

Refer to page _____ for additional information.

Number Called For Follow-up: _____

Date Called/Text: _____ Time Called/Text: _____

Spoke with: _____

Results:
__ Left Voice Mail Message ___ Phone Disconnected: ___ Wrong Number __ No Voice Mail Set-Up
__ Attempt #1 __ Attempt #2 __ Attempt #3 __ Attempt #4 __ Attempt #5 __ # of Attempts

Additional Numbers Called and Results:
1. _____
2. _____
3. _____

Notes:
_____
_____
_____

****

FOLLOW-UP INFORMATION

Refer to page _____ for additional information.

Number Called For Follow-up: _____

Date Called/Text: _____ Time Called/Text: _____

Spoke with: _____

Results:
__ Left Voice Mail Message ___ Phone Disconnected: ___ Wrong Number __ No Voice Mail Set-Up
__ Attempt #1 __ Attempt #2 __ Attempt #3 __ Attempt #4 __ Attempt #5 __ # of Attempts

Additional Numbers Called and Results:
1. _____
2. _____
3. _____

Notes:
_____
_____
_____

FOLLOW-UP INFORMATION

Refer to page _____ for additional information.

Number Called For Follow-up: _____

Date Called/Text: _____ Time Called/Text: _____

Spoke with: _____

Results:
__ Left Voice Mail Message ___ Phone Disconnected: ___ Wrong Number __ No Voice Mail Set-Up
__ Attempt #1 __ Attempt #2 __ Attempt #3 __ Attempt #4 __ Attempt #5 __ # of Attempts

Additional Numbers Called and Results:
1. _____
2. _____
3. _____

Notes:
_____
_____
_____

****

FOLLOW-UP INFORMATION

Refer to page _____ for additional information.

Number Called For Follow-up: _____

Date Called/Text: _____ Time Called/Text: _____

Spoke with: _____

Results:
__ Left Voice Mail Message ___ Phone Disconnected: ___ Wrong Number __ No Voice Mail Set-Up
__ Attempt #1 __ Attempt #2 __ Attempt #3 __ Attempt #4 __ Attempt #5 __ # of Attempts

Additional Numbers Called and Results:
1. _____
2. _____
3. _____

Notes:
_____
_____
_____

FOLLOW-UP INFORMATION

Refer to page _____ for additional information.

Number Called For Follow-up: _____

Date Called/Text: _____ Time Called/Text: _____

Spoke with: _____

Results:
__ Left Voice Mail Message ___ Phone Disconnected: ___ Wrong Number __ No Voice Mail Set-Up
__ Attempt #1 __ Attempt #2 __ Attempt #3 __ Attempt #4 __ Attempt #5 __ # of Attempts

Additional Numbers Called and Results:
1. _____
2. _____
3. _____

Notes:
_____
_____
_____

****

FOLLOW-UP INFORMATION

Refer to page _____ for additional information.

Number Called For Follow-up: _____

Date Called/Text: _____ Time Called/Text: _____

Spoke with: _____

Results:
__ Left Voice Mail Message ___ Phone Disconnected: ___ Wrong Number __ No Voice Mail Set-Up
__ Attempt #1 __ Attempt #2 __ Attempt #3 __ Attempt #4 __ Attempt #5 __ # of Attempts

Additional Numbers Called and Results:
1. _____
2. _____
3. _____

Notes:
_____
_____
_____

FOLLOW-UP INFORMATION

Refer to page _____ for additional information.

Number Called For Follow-up: _____

Date Called/Text: _____ Time Called/Text: _____

Spoke with: _____

Results:
__ Left Voice Mail Message ___ Phone Disconnected: ___ Wrong Number __ No Voice Mail Set-Up
__ Attempt #1 __ Attempt #2 __ Attempt #3 __ Attempt #4 __ Attempt #5 __ # of Attempts

Additional Numbers Called and Results:
1. _____
2. _____
3. _____

Notes:
_____
_____
_____

****

FOLLOW-UP INFORMATION

Refer to page _____ for additional information.

Number Called For Follow-up: _____

Date Called/Text: _____ Time Called/Text: _____

Spoke with: _____

Results:
__ Left Voice Mail Message ___ Phone Disconnected: ___ Wrong Number __ No Voice Mail Set-Up
__ Attempt #1 __ Attempt #2 __ Attempt #3 __ Attempt #4 __ Attempt #5 __ # of Attempts

Additional Numbers Called and Results:
1. _____
2. _____
3. _____

Notes:
_____
_____
_____

FOLLOW-UP INFORMATION

Refer to page _____ for additional information.

Number Called For Follow-up: _____

Date Called/Text: _____ Time Called/Text: _____

Spoke with: _____

Results:
__ Left Voice Mail Message ___ Phone Disconnected: ___ Wrong Number __ No Voice Mail Set-Up
__ Attempt #1 __ Attempt #2 __ Attempt #3 __ Attempt #4 __ Attempt #5 __ # of Attempts

Additional Numbers Called and Results:
1. _____
2. _____
3. _____

Notes:
_____
_____
_____

****

FOLLOW-UP INFORMATION

Refer to page _____ for additional information.

Number Called For Follow-up: _____

Date Called/Text: _____ Time Called/Text: _____

Spoke with: _____

Results:
__ Left Voice Mail Message ___ Phone Disconnected: ___ Wrong Number __ No Voice Mail Set-Up
__ Attempt #1 __ Attempt #2 __ Attempt #3 __ Attempt #4 __ Attempt #5 __ # of Attempts

Additional Numbers Called and Results:
1. _____
2. _____
3. _____

Notes:
_____
_____
_____

FOLLOW-UP INFORMATION

Refer to page _____ for additional information.

Number Called For Follow-up: _____

Date Called/Text: _____ Time Called/Text: _____

Spoke with: _____

Results:
__ Left Voice Mail Message ___ Phone Disconnected: ___ Wrong Number __ No Voice Mail Set-Up
__ Attempt #1 __ Attempt #2 __ Attempt #3 __ Attempt #4 __ Attempt #5 __ # of Attempts

Additional Numbers Called and Results:
1. _____
2. _____
3. _____

Notes:
_____
_____
_____

****

FOLLOW-UP INFORMATION

Refer to page _____ for additional information.

Number Called For Follow-up: _____

Date Called/Text: _____ Time Called/Text: _____

Spoke with: _____

Results:
__ Left Voice Mail Message ___ Phone Disconnected: ___ Wrong Number __ No Voice Mail Set-Up
__ Attempt #1 __ Attempt #2 __ Attempt #3 __ Attempt #4 __ Attempt #5 __ # of Attempts

Additional Numbers Called and Results:
1. _____
2. _____
3. _____

Notes:
_____
_____
_____

FOLLOW-UP INFORMATION

Refer to page _____ for additional information.

Number Called For Follow-up: _____

Date Called/Text: _____ Time Called/Text: _____

Spoke with: _____

Results:
__ Left Voice Mail Message ___ Phone Disconnected: ___ Wrong Number __ No Voice Mail Set-Up
__ Attempt #1 __ Attempt #2 __ Attempt #3 __ Attempt #4 __ Attempt #5 __ # of Attempts

Additional Numbers Called and Results:
1. _____
2. _____
3. _____

Notes:
_____
_____
_____
_____

****

FOLLOW-UP INFORMATION

Refer to page _____ for additional information.

Number Called For Follow-up: _____

Date Called/Text: _____ Time Called/Text: _____

Spoke with: _____

Results:
__ Left Voice Mail Message ___ Phone Disconnected: ___ Wrong Number __ No Voice Mail Set-Up
__ Attempt #1 __ Attempt #2 __ Attempt #3 __ Attempt #4 __ Attempt #5 __ # of Attempts

Additional Numbers Called and Results:
1. _____
2. _____
3. _____

Notes:
_____
_____
_____
_____

FOLLOW-UP INFORMATION

Refer to page _____ for additional information.

Number Called For Follow-up: _____

Date Called/Text: _____ Time Called/Text: _____

Spoke with: _____

Results:
__ Left Voice Mail Message ___ Phone Disconnected: ___ Wrong Number __ No Voice Mail Set-Up
__ Attempt #1 __ Attempt #2 __ Attempt #3 __ Attempt #4 __ Attempt #5 __ # of Attempts

Additional Numbers Called and Results:
1. _____
2. _____
3. _____

Notes:
_____
_____
_____

****

FOLLOW-UP INFORMATION

Refer to page _____ for additional information.

Number Called For Follow-up: _____

Date Called/Text: _____ Time Called/Text: _____

Spoke with: _____

Results:
__ Left Voice Mail Message ___ Phone Disconnected: ___ Wrong Number __ No Voice Mail Set-Up
__ Attempt #1 __ Attempt #2 __ Attempt #3 __ Attempt #4 __ Attempt #5 __ # of Attempts

Additional Numbers Called and Results:
1. _____
2. _____
3. _____

Notes:
_____
_____
_____

FOLLOW-UP INFORMATION

Refer to page _____ for additional information.

Number Called For Follow-up: _____

Date Called/Text: _____ Time Called/Text: _____

Spoke with: _____

Results:
__ Left Voice Mail Message ___ Phone Disconnected: ___ Wrong Number __ No Voice Mail Set-Up
__ Attempt #1 __ Attempt #2 __ Attempt #3 __ Attempt #4 __ Attempt #5 __ # of Attempts

Additional Numbers Called and Results:
1. _____
2. _____
3. _____

Notes:
_____
_____
_____

****

FOLLOW-UP INFORMATION

Refer to page _____ for additional information.

Number Called For Follow-up: _____

Date Called/Text: _____ Time Called/Text: _____

Spoke with: _____

Results:
__ Left Voice Mail Message ___ Phone Disconnected: ___ Wrong Number __ No Voice Mail Set-Up
__ Attempt #1 __ Attempt #2 __ Attempt #3 __ Attempt #4 __ Attempt #5 __ # of Attempts

Additional Numbers Called and Results:
1. _____
2. _____
3. _____

Notes:
_____
_____
_____

FOLLOW-UP INFORMATION

Refer to page _____ for additional information.

Number Called For Follow-up: _____

Date Called/Text: _____ Time Called/Text: _____

Spoke with: _____

Results:
__ Left Voice Mail Message ___ Phone Disconnected: ___ Wrong Number __ No Voice Mail Set-Up
__ Attempt #1 __ Attempt #2 __ Attempt #3 __ Attempt #4 __ Attempt #5 __ # of Attempts

Additional Numbers Called and Results:
  1. _____
  2. _____
  3. _____

Notes:
_____
_____
_____

****

FOLLOW-UP INFORMATION

Refer to page _____ for additional information.

Number Called For Follow-up: _____

Date Called/Text: _____ Time Called/Text: _____

Spoke with: _____

Results:
__ Left Voice Mail Message ___ Phone Disconnected: ___ Wrong Number __ No Voice Mail Set-Up
__ Attempt #1 __ Attempt #2 __ Attempt #3 __ Attempt #4 __ Attempt #5 __ # of Attempts

Additional Numbers Called and Results:
  1. _____
  2. _____
  3. _____

Notes:
_____
_____
_____

FOLLOW-UP INFORMATION

Refer to page _____ for additional information.

Number Called For Follow-up: _____

Date Called/Text: _____ Time Called/Text: _____

Spoke with: _____

Results:
__ Left Voice Mail Message ___ Phone Disconnected: ___ Wrong Number __ No Voice Mail Set-Up
__ Attempt #1 __ Attempt #2 __ Attempt #3 __ Attempt #4 __ Attempt #5 __ # of Attempts

Additional Numbers Called and Results:
1. _____
2. _____
3. _____

Notes:
_____
_____
_____
_____

****

FOLLOW-UP INFORMATION

Refer to page _____ for additional information.

Number Called For Follow-up: _____

Date Called/Text: _____ Time Called/Text: _____

Spoke with: _____

Results:
__ Left Voice Mail Message ___ Phone Disconnected: ___ Wrong Number __ No Voice Mail Set-Up
__ Attempt #1 __ Attempt #2 __ Attempt #3 __ Attempt #4 __ Attempt #5 __ # of Attempts

Additional Numbers Called and Results:
1. _____
2. _____
3. _____

Notes:
_____
_____
_____
_____

FOLLOW-UP INFORMATION

Refer to page _____ for additional information.

Number Called For Follow-up: _____

Date Called/Text: _____ Time Called/Text: _____

Spoke with: _____

Results:
__ Left Voice Mail Message ___ Phone Disconnected: ___ Wrong Number __ No Voice Mail Set-Up
__ Attempt #1 __ Attempt #2 __ Attempt #3 __ Attempt #4 __ Attempt #5 __ # of Attempts

Additional Numbers Called and Results:
1. _____
2. _____
3. _____

Notes:
_____
_____
_____

****

FOLLOW-UP INFORMATION

Refer to page _____ for additional information.

Number Called For Follow-up: _____

Date Called/Text: _____ Time Called/Text: _____

Spoke with: _____

Results:
__ Left Voice Mail Message ___ Phone Disconnected: ___ Wrong Number __ No Voice Mail Set-Up
__ Attempt #1 __ Attempt #2 __ Attempt #3 __ Attempt #4 __ Attempt #5 __ # of Attempts

Additional Numbers Called and Results:
1. _____
2. _____
3. _____

Notes:
_____
_____
_____

FOLLOW-UP INFORMATION

Refer to page _____ for additional information.

Number Called For Follow-up: _____

Date Called/Text: _____ Time Called/Text: _____

Spoke with: _____

Results:
__ Left Voice Mail Message ___ Phone Disconnected: ___ Wrong Number __ No Voice Mail Set-Up
__ Attempt #1 __ Attempt #2 __ Attempt #3 __ Attempt #4 __ Attempt #5 __ # of Attempts

Additional Numbers Called and Results:
1. _____
2. _____
3. _____

Notes:
_____
_____
_____

****

FOLLOW-UP INFORMATION

Refer to page _____ for additional information.

Number Called For Follow-up: _____

Date Called/Text: _____ Time Called/Text: _____

Spoke with: _____

Results:
__ Left Voice Mail Message ___ Phone Disconnected: ___ Wrong Number __ No Voice Mail Set-Up
__ Attempt #1 __ Attempt #2 __ Attempt #3 __ Attempt #4 __ Attempt #5 __ # of Attempts

Additional Numbers Called and Results:
1. _____
2. _____
3. _____

Notes:
_____
_____
_____

FOLLOW-UP INFORMATION

Refer to page _____ for additional information.

Number Called For Follow-up: _____

Date Called/Text: _____ Time Called/Text: _____

Spoke with: _____

Results:
__ Left Voice Mail Message ___ Phone Disconnected: ___ Wrong Number __ No Voice Mail Set-Up
__ Attempt #1 __ Attempt #2 __ Attempt #3 __ Attempt #4 __ Attempt #5 __ # of Attempts

Additional Numbers Called and Results:
1. _____
2. _____
3. _____

Notes:
_____
_____
_____

****

FOLLOW-UP INFORMATION

Refer to page _____ for additional information.

Number Called For Follow-up: _____

Date Called/Text: _____ Time Called/Text: _____

Spoke with: _____

Results:
__ Left Voice Mail Message ___ Phone Disconnected: ___ Wrong Number __ No Voice Mail Set-Up
__ Attempt #1 __ Attempt #2 __ Attempt #3 __ Attempt #4 __ Attempt #5 __ # of Attempts

Additional Numbers Called and Results:
1. _____
2. _____
3. _____

Notes:
_____
_____
_____

FOLLOW-UP INFORMATION

Refer to page _____ for additional information.

Number Called For Follow-up: _____

Date Called/Text: _____ Time Called/Text: _____

Spoke with: _____

Results:
__ Left Voice Mail Message ___ Phone Disconnected: ___ Wrong Number __ No Voice Mail Set-Up
__ Attempt #1 __ Attempt #2 __ Attempt #3 __ Attempt #4 __ Attempt #5 __ # of Attempts

Additional Numbers Called and Results:
1. _____
2. _____
3. _____

Notes:
_____
_____
_____

****

FOLLOW-UP INFORMATION

Refer to page _____ for additional information.

Number Called For Follow-up: _____

Date Called/Text: _____ Time Called/Text: _____

Spoke with: _____

Results:
__ Left Voice Mail Message ___ Phone Disconnected: ___ Wrong Number __ No Voice Mail Set-Up
__ Attempt #1 __ Attempt #2 __ Attempt #3 __ Attempt #4 __ Attempt #5 __ # of Attempts

Additional Numbers Called and Results:
1. _____
2. _____
3. _____

Notes:
_____
_____
_____

FOLLOW-UP INFORMATION

Refer to page _____ for additional information.

Number Called For Follow-up: _____

Date Called/Text: _____ Time Called/Text: _____

Spoke with: _____

Results:
__ Left Voice Mail Message ___ Phone Disconnected: ___ Wrong Number __ No Voice Mail Set-Up
__ Attempt #1 __ Attempt #2 __ Attempt #3 __ Attempt #4 __ Attempt #5 __ # of Attempts

Additional Numbers Called and Results:
  1. _____
  2. _____
  3. _____

Notes:
_____
_____
_____

****

FOLLOW-UP INFORMATION

Refer to page _____ for additional information.

Number Called For Follow-up: _____

Date Called/Text: _____ Time Called/Text: _____

Spoke with: _____

Results:
__ Left Voice Mail Message ___ Phone Disconnected: ___ Wrong Number __ No Voice Mail Set-Up
__ Attempt #1 __ Attempt #2 __ Attempt #3 __ Attempt #4 __ Attempt #5 __ # of Attempts

Additional Numbers Called and Results:
  1. _____
  2. _____
  3. _____

Notes:
_____
_____
_____

FOLLOW-UP INFORMATION

Refer to page _____ for additional information.

Number Called For Follow-up: _____

Date Called/Text: _____ Time Called/Text: _____

Spoke with: _____

Results:
__ Left Voice Mail Message ___ Phone Disconnected: ___ Wrong Number __ No Voice Mail Set-Up
__ Attempt #1 __ Attempt #2 __ Attempt #3 __ Attempt #4 __ Attempt #5 __ # of Attempts

Additional Numbers Called and Results:
   1. _____
   2. _____
   3. _____

Notes:
_____
_____
_____

****

FOLLOW-UP INFORMATION

Refer to page _____ for additional information.

Number Called For Follow-up: _____

Date Called/Text: _____ Time Called/Text: _____

Spoke with: _____

Results:
__ Left Voice Mail Message ___ Phone Disconnected: ___ Wrong Number __ No Voice Mail Set-Up
__ Attempt #1 __ Attempt #2 __ Attempt #3 __ Attempt #4 __ Attempt #5 __ # of Attempts

Additional Numbers Called and Results:
   1. _____
   2. _____
   3. _____

Notes:
_____
_____
_____

FOLLOW-UP INFORMATION

Refer to page _____ for additional information.

Number Called For Follow-up: _____

Date Called/Text: _____ Time Called/Text: _____

Spoke with: _____

Results:
__ Left Voice Mail Message ___ Phone Disconnected: ___ Wrong Number __ No Voice Mail Set-Up
__ Attempt #1 __ Attempt #2 __ Attempt #3 __ Attempt #4 __ Attempt #5 __ # of Attempts

Additional Numbers Called and Results:
1. _____
2. _____
3. _____

Notes:
_____
_____
_____

****

FOLLOW-UP INFORMATION

Refer to page _____ for additional information.

Number Called For Follow-up: _____

Date Called/Text: _____ Time Called/Text: _____

Spoke with: _____

Results:
__ Left Voice Mail Message ___ Phone Disconnected: ___ Wrong Number __ No Voice Mail Set-Up
__ Attempt #1 __ Attempt #2 __ Attempt #3 __ Attempt #4 __ Attempt #5 __ # of Attempts

Additional Numbers Called and Results:
1. _____
2. _____
3. _____

Notes:
_____
_____
_____

FOLLOW-UP INFORMATION

Refer to page _____ for additional information.

Number Called For Follow-up: _____

Date Called/Text: _____ Time Called/Text: _____

Spoke with: _____

Results:
__ Left Voice Mail Message ___ Phone Disconnected: ___ Wrong Number __ No Voice Mail Set-Up
__ Attempt #1 __ Attempt #2 __ Attempt #3 __ Attempt #4 __ Attempt #5 __ # of Attempts

Additional Numbers Called and Results:
1. _____
2. _____
3. _____

Notes:
_____
_____
_____

****

FOLLOW-UP INFORMATION

Refer to page _____ for additional information.

Number Called For Follow-up: _____

Date Called/Text: _____ Time Called/Text: _____

Spoke with: _____

Results:
__ Left Voice Mail Message ___ Phone Disconnected: ___ Wrong Number __ No Voice Mail Set-Up
__ Attempt #1 __ Attempt #2 __ Attempt #3 __ Attempt #4 __ Attempt #5 __ # of Attempts

Additional Numbers Called and Results:
1. _____
2. _____
3. _____

Notes:
_____
_____
_____

FOLLOW-UP INFORMATION

Refer to page _____ for additional information.

Number Called For Follow-up: _____

Date Called/Text: _____ Time Called/Text: _____

Spoke with: _____

Results:
__ Left Voice Mail Message ___ Phone Disconnected: ___ Wrong Number __ No Voice Mail Set-Up
__ Attempt #1 __ Attempt #2 __ Attempt #3 __ Attempt #4 __ Attempt #5 __ # of Attempts

Additional Numbers Called and Results:
1. _____
2. _____
3. _____

Notes:
_____
_____
_____

****

FOLLOW-UP INFORMATION

Refer to page _____ for additional information.

Number Called For Follow-up: _____

Date Called/Text: _____ Time Called/Text: _____

Spoke with: _____

Results:
__ Left Voice Mail Message ___ Phone Disconnected: ___ Wrong Number __ No Voice Mail Set-Up
__ Attempt #1 __ Attempt #2 __ Attempt #3 __ Attempt #4 __ Attempt #5 __ # of Attempts

Additional Numbers Called and Results:
1. _____
2. _____
3. _____

Notes:
_____
_____
_____

FOLLOW-UP INFORMATION

Refer to page _____ for additional information.

Number Called For Follow-up: _____

Date Called/Text: _____ Time Called/Text: _____

Spoke with: _____

Results:
__ Left Voice Mail Message ___ Phone Disconnected: ___ Wrong Number __ No Voice Mail Set-Up
__ Attempt #1 __ Attempt #2 __ Attempt #3 __ Attempt #4 __ Attempt #5 __ # of Attempts

Additional Numbers Called and Results:
1. _____
2. _____
3. _____

Notes:
_____
_____
_____
_____

****

FOLLOW-UP INFORMATION

Refer to page _____ for additional information.

Number Called For Follow-up: _____

Date Called/Text: _____ Time Called/Text: _____

Spoke with: _____

Results:
__ Left Voice Mail Message ___ Phone Disconnected: ___ Wrong Number __ No Voice Mail Set-Up
__ Attempt #1 __ Attempt #2 __ Attempt #3 __ Attempt #4 __ Attempt #5 __ # of Attempts

Additional Numbers Called and Results:
1. _____
2. _____
3. _____

Notes:
_____
_____
_____
_____

FOLLOW-UP INFORMATION

Refer to page _____ for additional information.

Number Called For Follow-up: _____

Date Called/Text: _____ Time Called/Text: _____

Spoke with: _____

Results:
__ Left Voice Mail Message ___ Phone Disconnected: ___ Wrong Number __ No Voice Mail Set-Up
__ Attempt #1 __ Attempt #2 __ Attempt #3 __ Attempt #4 __ Attempt #5 __ # of Attempts

Additional Numbers Called and Results:
1. _____
2. _____
3. _____

Notes:
_____
_____
_____

****

FOLLOW-UP INFORMATION

Refer to page _____ for additional information.

Number Called For Follow-up: _____

Date Called/Text: _____ Time Called/Text: _____

Spoke with: _____

Results:
__ Left Voice Mail Message ___ Phone Disconnected: ___ Wrong Number __ No Voice Mail Set-Up
__ Attempt #1 __ Attempt #2 __ Attempt #3 __ Attempt #4 __ Attempt #5 __ # of Attempts

Additional Numbers Called and Results:
1. _____
2. _____
3. _____

Notes:
_____
_____
_____

FOLLOW-UP INFORMATION

Refer to page _____ for additional information.

Number Called For Follow-up: _____

Date Called/Text: _____ Time Called/Text: _____

Spoke with: _____

Results:
__ Left Voice Mail Message ___ Phone Disconnected: ___ Wrong Number __ No Voice Mail Set-Up
__ Attempt #1 __ Attempt #2 __ Attempt #3 __ Attempt #4 __ Attempt #5 __ # of Attempts

Additional Numbers Called and Results:
1. _____
2. _____
3. _____

Notes:
_____
_____
_____

****

FOLLOW-UP INFORMATION

Refer to page _____ for additional information.

Number Called For Follow-up: _____

Date Called/Text: _____ Time Called/Text: _____

Spoke with: _____

Results:
__ Left Voice Mail Message ___ Phone Disconnected: ___ Wrong Number __ No Voice Mail Set-Up
__ Attempt #1 __ Attempt #2 __ Attempt #3 __ Attempt #4 __ Attempt #5 __ # of Attempts

Additional Numbers Called and Results:
1. _____
2. _____
3. _____

Notes:
_____
_____
_____

FOLLOW-UP INFORMATION

Refer to page _____ for additional information.

Number Called For Follow-up: _____

Date Called/Text: _____ Time Called/Text: _____

Spoke with: _____

Results:
__ Left Voice Mail Message ___ Phone Disconnected: ___ Wrong Number __ No Voice Mail Set-Up
__ Attempt #1 __ Attempt #2 __ Attempt #3 __ Attempt #4 __ Attempt #5 __ # of Attempts

Additional Numbers Called and Results:
1. _____
2. _____
3. _____

Notes:
_____
_____
_____

****

FOLLOW-UP INFORMATION

Refer to page _____ for additional information.

Number Called For Follow-up: _____

Date Called/Text: _____ Time Called/Text: _____

Spoke with: _____

Results:
__ Left Voice Mail Message ___ Phone Disconnected: ___ Wrong Number __ No Voice Mail Set-Up
__ Attempt #1 __ Attempt #2 __ Attempt #3 __ Attempt #4 __ Attempt #5 __ # of Attempts

Additional Numbers Called and Results:
1. _____
2. _____
3. _____

Notes:
_____
_____
_____

FOLLOW-UP INFORMATION

Refer to page _____ for additional information.

Number Called For Follow-up: _____

Date Called/Text: _____ Time Called/Text: _____

Spoke with: _____

Results:
__ Left Voice Mail Message ___ Phone Disconnected: ___ Wrong Number __ No Voice Mail Set-Up
__ Attempt #1 __ Attempt #2 __ Attempt #3 __ Attempt #4 __ Attempt #5 __ # of Attempts

Additional Numbers Called and Results:
1. _____
2. _____
3. _____

Notes:
_____
_____
_____

****

FOLLOW-UP INFORMATION

Refer to page _____ for additional information.

Number Called For Follow-up: _____

Date Called/Text: _____ Time Called/Text: _____

Spoke with: _____

Results:
__ Left Voice Mail Message ___ Phone Disconnected: ___ Wrong Number __ No Voice Mail Set-Up
__ Attempt #1 __ Attempt #2 __ Attempt #3 __ Attempt #4 __ Attempt #5 __ # of Attempts

Additional Numbers Called and Results:
1. _____
2. _____
3. _____

Notes:
_____
_____
_____

FOLLOW-UP INFORMATION

Refer to page _____ for additional information.

Number Called For Follow-up: _____

Date Called/Text: _____ Time Called/Text: _____

Spoke with: _____

Results:
__ Left Voice Mail Message ___ Phone Disconnected: ___ Wrong Number __ No Voice Mail Set-Up
__ Attempt #1 __ Attempt #2 __ Attempt #3 __ Attempt #4 __ Attempt #5 __ # of Attempts

Additional Numbers Called and Results:
1. _____
2. _____
3. _____

Notes:
_____
_____
_____
_____

****

FOLLOW-UP INFORMATION

Refer to page _____ for additional information.

Number Called For Follow-up: _____

Date Called/Text: _____ Time Called/Text: _____

Spoke with: _____

Results:
__ Left Voice Mail Message ___ Phone Disconnected: ___ Wrong Number __ No Voice Mail Set-Up
__ Attempt #1 __ Attempt #2 __ Attempt #3 __ Attempt #4 __ Attempt #5 __ # of Attempts

Additional Numbers Called and Results:
1. _____
2. _____
3. _____

Notes:
_____
_____
_____
_____

FOLLOW-UP INFORMATION

Refer to page _____ for additional information.

Number Called For Follow-up: _____

Date Called/Text: _____ Time Called/Text: _____

Spoke with: _____

Results:
__ Left Voice Mail Message ___ Phone Disconnected: ___ Wrong Number __ No Voice Mail Set-Up
__ Attempt #1 __ Attempt #2 __ Attempt #3 __ Attempt #4 __ Attempt #5 __ # of Attempts

Additional Numbers Called and Results:
1. _____
2. _____
3. _____

Notes:
_____
_____
_____

****

FOLLOW-UP INFORMATION

Refer to page _____ for additional information.

Number Called For Follow-up: _____

Date Called/Text: _____ Time Called/Text: _____

Spoke with: _____

Results:
__ Left Voice Mail Message ___ Phone Disconnected: ___ Wrong Number __ No Voice Mail Set-Up
__ Attempt #1 __ Attempt #2 __ Attempt #3 __ Attempt #4 __ Attempt #5 __ # of Attempts

Additional Numbers Called and Results:
1. _____
2. _____
3. _____

Notes:
_____
_____
_____

FOLLOW-UP INFORMATION

Refer to page _____ for additional information.

Number Called For Follow-up: _____

Date Called/Text: _____ Time Called/Text: _____

Spoke with: _____

Results:
__ Left Voice Mail Message ___ Phone Disconnected: ___ Wrong Number __ No Voice Mail Set-Up
__ Attempt #1 __ Attempt #2 __ Attempt #3 __ Attempt #4 __ Attempt #5 __ # of Attempts

Additional Numbers Called and Results:
 1. _____
 2. _____
 3. _____

Notes:
_____
_____
_____

****

FOLLOW-UP INFORMATION

Refer to page _____ for additional information.

Number Called For Follow-up: _____

Date Called/Text: _____ Time Called/Text: _____

Spoke with: _____

Results:
__ Left Voice Mail Message ___ Phone Disconnected: ___ Wrong Number __ No Voice Mail Set-Up
__ Attempt #1 __ Attempt #2 __ Attempt #3 __ Attempt #4 __ Attempt #5 __ # of Attempts

Additional Numbers Called and Results:
 1. _____
 2. _____
 3. _____

Notes:
_____
_____
_____

FOLLOW-UP INFORMATION

Refer to page _____ for additional information.

Number Called For Follow-up: _____

Date Called/Text: _____ Time Called/Text: _____

Spoke with: _____

Results:
__ Left Voice Mail Message ___ Phone Disconnected: ___ Wrong Number __ No Voice Mail Set-Up
__ Attempt #1 __ Attempt #2 __ Attempt #3 __ Attempt #4 __ Attempt #5 __ # of Attempts

Additional Numbers Called and Results:
   1. _____
   2. _____
   3. _____

Notes:
_____
_____
_____

****

FOLLOW-UP INFORMATION

Refer to page _____ for additional information.

Number Called For Follow-up: _____

Date Called/Text: _____ Time Called/Text: _____

Spoke with: _____

Results:
__ Left Voice Mail Message ___ Phone Disconnected: ___ Wrong Number __ No Voice Mail Set-Up
__ Attempt #1 __ Attempt #2 __ Attempt #3 __ Attempt #4 __ Attempt #5 __ # of Attempts

Additional Numbers Called and Results:
   1. _____
   2. _____
   3. _____

Notes:
_____
_____
_____

FOLLOW-UP INFORMATION

Refer to page _____ for additional information.

Number Called For Follow-up: _____

Date Called/Text: _____ Time Called/Text: _____

Spoke with: _____

Results:
__ Left Voice Mail Message ___ Phone Disconnected: ___ Wrong Number __ No Voice Mail Set-Up
__ Attempt #1 __ Attempt #2 __ Attempt #3 __ Attempt #4 __ Attempt #5 __ # of Attempts

Additional Numbers Called and Results:
1. _____
2. _____
3. _____

Notes:
_____
_____
_____

****

FOLLOW-UP INFORMATION

Refer to page _____ for additional information.

Number Called For Follow-up: _____

Date Called/Text: _____ Time Called/Text: _____

Spoke with: _____

Results:
__ Left Voice Mail Message ___ Phone Disconnected: ___ Wrong Number __ No Voice Mail Set-Up
__ Attempt #1 __ Attempt #2 __ Attempt #3 __ Attempt #4 __ Attempt #5 __ # of Attempts

Additional Numbers Called and Results:
1. _____
2. _____
3. _____

Notes:
_____
_____
_____

FOLLOW-UP INFORMATION

Refer to page _____ for additional information.

Number Called For Follow-up: _____

Date Called/Text: _____ Time Called/Text: _____

Spoke with: _____

Results:
__ Left Voice Mail Message ___ Phone Disconnected: ___ Wrong Number __ No Voice Mail Set-Up
__ Attempt #1 __ Attempt #2 __ Attempt #3 __ Attempt #4 __ Attempt #5 __ # of Attempts

Additional Numbers Called and Results:
  1. _____
  2. _____
  3. _____

Notes:
_____
_____
_____

****

FOLLOW-UP INFORMATION

Refer to page _____ for additional information.

Number Called For Follow-up: _____

Date Called/Text: _____ Time Called/Text: _____

Spoke with: _____

Results:
__ Left Voice Mail Message ___ Phone Disconnected: ___ Wrong Number __ No Voice Mail Set-Up
__ Attempt #1 __ Attempt #2 __ Attempt #3 __ Attempt #4 __ Attempt #5 __ # of Attempts

Additional Numbers Called and Results:
  1. _____
  2. _____
  3. _____

Notes:
_____
_____
_____

FOLLOW-UP INFORMATION

Refer to page _____ for additional information.

Number Called For Follow-up: _____

Date Called/Text: _____ Time Called/Text: _____

Spoke with: _____

Results:
__ Left Voice Mail Message ___ Phone Disconnected: ___ Wrong Number __ No Voice Mail Set-Up
__ Attempt #1 __ Attempt #2 __ Attempt #3 __ Attempt #4 __ Attempt #5 __ # of Attempts

Additional Numbers Called and Results:
1. _____
2. _____
3. _____

Notes:
_____
_____
_____

****

FOLLOW-UP INFORMATION

Refer to page _____ for additional information.

Number Called For Follow-up: _____

Date Called/Text: _____ Time Called/Text: _____

Spoke with: _____

Results:
__ Left Voice Mail Message ___ Phone Disconnected: ___ Wrong Number __ No Voice Mail Set-Up
__ Attempt #1 __ Attempt #2 __ Attempt #3 __ Attempt #4 __ Attempt #5 __ # of Attempts

Additional Numbers Called and Results:
1. _____
2. _____
3. _____

Notes:
_____
_____
_____

FOLLOW-UP INFORMATION

Refer to page _____ for additional information.

Number Called For Follow-up: _____

Date Called/Text: _____ Time Called/Text: _____

Spoke with: _____

Results:
__ Left Voice Mail Message ___ Phone Disconnected: ___ Wrong Number __ No Voice Mail Set-Up
__ Attempt #1 __ Attempt #2 __ Attempt #3 __ Attempt #4 __ Attempt #5 __ # of Attempts

Additional Numbers Called and Results:
  1. _____
  2. _____
  3. _____

Notes:
_____
_____
_____

****

FOLLOW-UP INFORMATION

Refer to page _____ for additional information.

Number Called For Follow-up: _____

Date Called/Text: _____ Time Called/Text: _____

Spoke with: _____

Results:
__ Left Voice Mail Message ___ Phone Disconnected: ___ Wrong Number __ No Voice Mail Set-Up
__ Attempt #1 __ Attempt #2 __ Attempt #3 __ Attempt #4 __ Attempt #5 __ # of Attempts

Additional Numbers Called and Results:
  1. _____
  2. _____
  3. _____

Notes:
_____
_____
_____

FOLLOW-UP INFORMATION

Refer to page _____ for additional information.

Number Called For Follow-up: _____

Date Called/Text: _____ Time Called/Text: _____

Spoke with: _____

Results:
__ Left Voice Mail Message ___ Phone Disconnected: ___ Wrong Number __ No Voice Mail Set-Up
__ Attempt #1 __ Attempt #2 __ Attempt #3 __ Attempt #4 __ Attempt #5 __ # of Attempts

Additional Numbers Called and Results:
1. _____
2. _____
3. _____

Notes:
_____
_____
_____

****

FOLLOW-UP INFORMATION

Refer to page _____ for additional information.

Number Called For Follow-up: _____

Date Called/Text: _____ Time Called/Text: _____

Spoke with: _____

Results:
__ Left Voice Mail Message ___ Phone Disconnected: ___ Wrong Number __ No Voice Mail Set-Up
__ Attempt #1 __ Attempt #2 __ Attempt #3 __ Attempt #4 __ Attempt #5 __ # of Attempts

Additional Numbers Called and Results:
1. _____
2. _____
3. _____

Notes:
_____
_____
_____

FOLLOW-UP INFORMATION

Refer to page _____ for additional information.

Number Called For Follow-up: _____

Date Called/Text: _____ Time Called/Text: _____

Spoke with: _____

Results:
___ Left Voice Mail Message ___ Phone Disconnected: ___ Wrong Number ___ No Voice Mail Set-Up
___ Attempt #1 ___ Attempt #2 ___ Attempt #3 ___ Attempt #4 ___ Attempt #5 ___ # of Attempts

Additional Numbers Called and Results:
1. _____
2. _____
3. _____

Notes:
_____
_____
_____

****

FOLLOW-UP INFORMATION

Refer to page _____ for additional information.

Number Called For Follow-up: _____

Date Called/Text: _____ Time Called/Text: _____

Spoke with: _____

Results:
___ Left Voice Mail Message ___ Phone Disconnected: ___ Wrong Number ___ No Voice Mail Set-Up
___ Attempt #1 ___ Attempt #2 ___ Attempt #3 ___ Attempt #4 ___ Attempt #5 ___ # of Attempts

Additional Numbers Called and Results:
1. _____
2. _____
3. _____

Notes:
_____
_____
_____

FOLLOW-UP INFORMATION

Refer to page _____ for additional information.

Number Called For Follow-up: _____

Date Called/Text: _____ Time Called/Text: _____

Spoke with: _____

Results:
__ Left Voice Mail Message ___ Phone Disconnected: ___ Wrong Number __ No Voice Mail Set-Up
__ Attempt #1 __ Attempt #2 __ Attempt #3 __ Attempt #4 __ Attempt #5 __ # of Attempts

Additional Numbers Called and Results:
1. _____
2. _____
3. _____

Notes:
_____
_____
_____

****

FOLLOW-UP INFORMATION

Refer to page _____ for additional information.

Number Called For Follow-up: _____

Date Called/Text: _____ Time Called/Text: _____

Spoke with: _____

Results:
__ Left Voice Mail Message ___ Phone Disconnected: ___ Wrong Number __ No Voice Mail Set-Up
__ Attempt #1 __ Attempt #2 __ Attempt #3 __ Attempt #4 __ Attempt #5 __ # of Attempts

Additional Numbers Called and Results:
1. _____
2. _____
3. _____

Notes:
_____
_____
_____

FOLLOW-UP INFORMATION

Refer to page _____ for additional information.

Number Called For Follow-up: _____

Date Called/Text: _____ Time Called/Text: _____

Spoke with: _____

Results:
__ Left Voice Mail Message ___ Phone Disconnected: ___ Wrong Number __ No Voice Mail Set-Up
__ Attempt #1 __ Attempt #2 __ Attempt #3 __ Attempt #4 __ Attempt #5 __ # of Attempts

Additional Numbers Called and Results:
1. _____
2. _____
3. _____

Notes:
_____
_____
_____

****

FOLLOW-UP INFORMATION

Refer to page _____ for additional information.

Number Called For Follow-up: _____

Date Called/Text: _____ Time Called/Text: _____

Spoke with: _____

Results:
__ Left Voice Mail Message ___ Phone Disconnected: ___ Wrong Number __ No Voice Mail Set-Up
__ Attempt #1 __ Attempt #2 __ Attempt #3 __ Attempt #4 __ Attempt #5 __ # of Attempts

Additional Numbers Called and Results:
1. _____
2. _____
3. _____

Notes:
_____
_____
_____

FOLLOW-UP INFORMATION

Refer to page _____ for additional information.

Number Called For Follow-up: _____

Date Called/Text: _____ Time Called/Text: _____

Spoke with: _____

Results:
__ Left Voice Mail Message ___ Phone Disconnected: ___ Wrong Number __ No Voice Mail Set-Up
__ Attempt #1 __ Attempt #2 __ Attempt #3 __ Attempt #4 __ Attempt #5 __ # of Attempts

Additional Numbers Called and Results:
1. _____
2. _____
3. _____

Notes:
_____
_____
_____

****

FOLLOW-UP INFORMATION

Refer to page _____ for additional information.

Number Called For Follow-up: _____

Date Called/Text: _____ Time Called/Text: _____

Spoke with: _____

Results:
__ Left Voice Mail Message ___ Phone Disconnected: ___ Wrong Number __ No Voice Mail Set-Up
__ Attempt #1 __ Attempt #2 __ Attempt #3 __ Attempt #4 __ Attempt #5 __ # of Attempts

Additional Numbers Called and Results:
1. _____
2. _____
3. _____

Notes:
_____
_____
_____

FOLLOW-UP INFORMATION

Refer to page _____ for additional information.

Number Called For Follow-up: _____

Date Called/Text: _____ Time Called/Text: _____

Spoke with: _____

Results:
__ Left Voice Mail Message ___ Phone Disconnected: ___ Wrong Number __ No Voice Mail Set-Up
__ Attempt #1 __ Attempt #2 __ Attempt #3 __ Attempt #4 __ Attempt #5 __ # of Attempts

Additional Numbers Called and Results:
  1. _____
  2. _____
  3. _____

Notes:
_____
_____
_____

****

FOLLOW-UP INFORMATION

Refer to page _____ for additional information.

Number Called For Follow-up: _____

Date Called/Text: _____ Time Called/Text: _____

Spoke with: _____

Results:
__ Left Voice Mail Message ___ Phone Disconnected: ___ Wrong Number __ No Voice Mail Set-Up
__ Attempt #1 __ Attempt #2 __ Attempt #3 __ Attempt #4 __ Attempt #5 __ # of Attempts

Additional Numbers Called and Results:
  1. _____
  2. _____
  3. _____

Notes:
_____
_____
_____

FOLLOW-UP INFORMATION

Refer to page _____ for additional information.

Number Called For Follow-up: _____

Date Called/Text: _____ Time Called/Text: _____

Spoke with: _____

Results:
__ Left Voice Mail Message ___ Phone Disconnected: ___ Wrong Number __ No Voice Mail Set-Up
__ Attempt #1 __ Attempt #2 __ Attempt #3 __ Attempt #4 __ Attempt #5 __ # of Attempts

Additional Numbers Called and Results:
1. _____
2. _____
3. _____

Notes:
_____
_____
_____

****

FOLLOW-UP INFORMATION

Refer to page _____ for additional information.

Number Called For Follow-up: _____

Date Called/Text: _____ Time Called/Text: _____

Spoke with: _____

Results:
__ Left Voice Mail Message ___ Phone Disconnected: ___ Wrong Number __ No Voice Mail Set-Up
__ Attempt #1 __ Attempt #2 __ Attempt #3 __ Attempt #4 __ Attempt #5 __ # of Attempts

Additional Numbers Called and Results:
1. _____
2. _____
3. _____

Notes:
_____
_____
_____

FOLLOW-UP INFORMATION

Refer to page _____ for additional information.

Number Called For Follow-up: _____

Date Called/Text: _____ Time Called/Text: _____

Spoke with: _____

Results:
__ Left Voice Mail Message ___ Phone Disconnected: ___ Wrong Number __ No Voice Mail Set-Up
__ Attempt #1 __ Attempt #2 __ Attempt #3 __ Attempt #4 __ Attempt #5 __ # of Attempts

Additional Numbers Called and Results:
1. _____
2. _____
3. _____

Notes:
_____
_____
_____

****

FOLLOW-UP INFORMATION

Refer to page _____ for additional information.

Number Called For Follow-up: _____

Date Called/Text: _____ Time Called/Text: _____

Spoke with: _____

Results:
__ Left Voice Mail Message ___ Phone Disconnected: ___ Wrong Number __ No Voice Mail Set-Up
__ Attempt #1 __ Attempt #2 __ Attempt #3 __ Attempt #4 __ Attempt #5 __ # of Attempts

Additional Numbers Called and Results:
1. _____
2. _____
3. _____

Notes:
_____
_____
_____

FOLLOW-UP INFORMATION

Refer to page _____ for additional information.

Number Called For Follow-up: _____

Date Called/Text: _____ Time Called/Text: _____

Spoke with: _____

Results:
__ Left Voice Mail Message ___ Phone Disconnected: ___ Wrong Number __ No Voice Mail Set-Up
__ Attempt #1 __ Attempt #2 __ Attempt #3 __ Attempt #4 __ Attempt #5 __ # of Attempts

Additional Numbers Called and Results:
1. _____
2. _____
3. _____

Notes:
_____
_____
_____

****

FOLLOW-UP INFORMATION

Refer to page _____ for additional information.

Number Called For Follow-up: _____

Date Called/Text: _____ Time Called/Text: _____

Spoke with: _____

Results:
__ Left Voice Mail Message ___ Phone Disconnected: ___ Wrong Number __ No Voice Mail Set-Up
__ Attempt #1 __ Attempt #2 __ Attempt #3 __ Attempt #4 __ Attempt #5 __ # of Attempts

Additional Numbers Called and Results:
1. _____
2. _____
3. _____

Notes:
_____
_____
_____

FOLLOW-UP INFORMATION

Refer to page _____ for additional information.

Number Called For Follow-up: _____

Date Called/Text: _____ Time Called/Text: _____

Spoke with: _____

Results:
__ Left Voice Mail Message ___ Phone Disconnected: ___ Wrong Number __ No Voice Mail Set-Up
__ Attempt #1 __ Attempt #2 __ Attempt #3 __ Attempt #4 __ Attempt #5 __ # of Attempts

Additional Numbers Called and Results:
1. _____
2. _____
3. _____

Notes:
_____
_____
_____

****

FOLLOW-UP INFORMATION

Refer to page _____ for additional information.

Number Called For Follow-up: _____

Date Called/Text: _____ Time Called/Text: _____

Spoke with: _____

Results:
__ Left Voice Mail Message ___ Phone Disconnected: ___ Wrong Number __ No Voice Mail Set-Up
__ Attempt #1 __ Attempt #2 __ Attempt #3 __ Attempt #4 __ Attempt #5 __ # of Attempts

Additional Numbers Called and Results:
1. _____
2. _____
3. _____

Notes:
_____
_____
_____

FOLLOW-UP INFORMATION

Refer to page _____ for additional information.

Number Called For Follow-up: _____

Date Called/Text: _____ Time Called/Text: _____

Spoke with: _____

Results:
___ Left Voice Mail Message ___ Phone Disconnected: ___ Wrong Number ___ No Voice Mail Set-Up
___ Attempt #1 ___ Attempt #2 ___ Attempt #3 ___ Attempt #4 ___ Attempt #5 ___ # of Attempts

Additional Numbers Called and Results:
  1. _____
  2. _____
  3. _____

Notes:
_____
_____
_____

****

FOLLOW-UP INFORMATION

Refer to page _____ for additional information.

Number Called For Follow-up: _____

Date Called/Text: _____ Time Called/Text: _____

Spoke with: _____

Results:
___ Left Voice Mail Message ___ Phone Disconnected: ___ Wrong Number ___ No Voice Mail Set-Up
___ Attempt #1 ___ Attempt #2 ___ Attempt #3 ___ Attempt #4 ___ Attempt #5 ___ # of Attempts

Additional Numbers Called and Results:
  1. _____
  2. _____
  3. _____

Notes:
_____
_____
_____

FOLLOW-UP INFORMATION

Refer to page _____ for additional information.

Number Called For Follow-up: _____

Date Called/Text: _____ Time Called/Text: _____

Spoke with: _____

Results:
___ Left Voice Mail Message ___ Phone Disconnected: ___ Wrong Number ___ No Voice Mail Set-Up
___ Attempt #1 ___ Attempt #2 ___ Attempt #3 ___ Attempt #4 ___ Attempt #5 ___ # of Attempts

Additional Numbers Called and Results:
1. _____
2. _____
3. _____

Notes:
_____
_____
_____

****

FOLLOW-UP INFORMATION

Refer to page _____ for additional information.

Number Called For Follow-up: _____

Date Called/Text: _____ Time Called/Text: _____

Spoke with: _____

Results:
___ Left Voice Mail Message ___ Phone Disconnected: ___ Wrong Number ___ No Voice Mail Set-Up
___ Attempt #1 ___ Attempt #2 ___ Attempt #3 ___ Attempt #4 ___ Attempt #5 ___ # of Attempts

Additional Numbers Called and Results:
1. _____
2. _____
3. _____

Notes:
_____
_____
_____

FOLLOW-UP INFORMATION

Refer to page _____ for additional information.

Number Called For Follow-up: _____

Date Called/Text: _____ Time Called/Text: _____

Spoke with: _____

Results:
__ Left Voice Mail Message ___ Phone Disconnected: ___ Wrong Number __ No Voice Mail Set-Up
__ Attempt #1 __ Attempt #2 __ Attempt #3 __ Attempt #4 __ Attempt #5 __ # of Attempts

Additional Numbers Called and Results:
1. _____
2. _____
3. _____

Notes:
_____
_____
_____

****

FOLLOW-UP INFORMATION

Refer to page _____ for additional information.

Number Called For Follow-up: _____

Date Called/Text: _____ Time Called/Text: _____

Spoke with: _____

Results:
__ Left Voice Mail Message ___ Phone Disconnected: ___ Wrong Number __ No Voice Mail Set-Up
__ Attempt #1 __ Attempt #2 __ Attempt #3 __ Attempt #4 __ Attempt #5 __ # of Attempts

Additional Numbers Called and Results:
1. _____
2. _____
3. _____

Notes:
_____
_____
_____

FOLLOW-UP INFORMATION

Refer to page _____ for additional information.

Number Called For Follow-up: _____

Date Called/Text: _____ Time Called/Text: _____

Spoke with: _____

Results:
__ Left Voice Mail Message ___ Phone Disconnected: ___ Wrong Number __ No Voice Mail Set-Up
__ Attempt #1 __ Attempt #2 __ Attempt #3 __ Attempt #4 __ Attempt #5 __ # of Attempts

Additional Numbers Called and Results:
 1. _____
 2. _____
 3. _____

Notes:
_____
_____
_____

****

FOLLOW-UP INFORMATION

Refer to page _____ for additional information.

Number Called For Follow-up: _____

Date Called/Text: _____ Time Called/Text: _____

Spoke with: _____

Results:
__ Left Voice Mail Message ___ Phone Disconnected: ___ Wrong Number __ No Voice Mail Set-Up
__ Attempt #1 __ Attempt #2 __ Attempt #3 __ Attempt #4 __ Attempt #5 __ # of Attempts

Additional Numbers Called and Results:
 1. _____
 2. _____
 3. _____

Notes:
_____
_____
_____

FOLLOW-UP INFORMATION

Refer to page _____ for additional information.

Number Called For Follow-up: _____

Date Called/Text: _____ Time Called/Text: _____

Spoke with: _____

Results:
___ Left Voice Mail Message ___ Phone Disconnected: ___ Wrong Number ___ No Voice Mail Set-Up
___ Attempt #1 ___ Attempt #2 ___ Attempt #3 ___ Attempt #4 ___ Attempt #5 ___ # of Attempts

Additional Numbers Called and Results:
1. _____
2. _____
3. _____

Notes:
_____
_____
_____
_____

****

FOLLOW-UP INFORMATION

Refer to page _____ for additional information.

Number Called For Follow-up: _____

Date Called/Text: _____ Time Called/Text: _____

Spoke with: _____

Results:
___ Left Voice Mail Message ___ Phone Disconnected: ___ Wrong Number ___ No Voice Mail Set-Up
___ Attempt #1 ___ Attempt #2 ___ Attempt #3 ___ Attempt #4 ___ Attempt #5 ___ # of Attempts

Additional Numbers Called and Results:
1. _____
2. _____
3. _____

Notes:
_____
_____
_____
_____

FOLLOW-UP INFORMATION

Refer to page _____ for additional information.

Number Called For Follow-up: _____

Date Called/Text: _____ Time Called/Text: _____

Spoke with: _____

Results:
___ Left Voice Mail Message ___ Phone Disconnected: ___ Wrong Number ___ No Voice Mail Set-Up
___ Attempt #1 ___ Attempt #2 ___ Attempt #3 ___ Attempt #4 ___ Attempt #5 ___ # of Attempts

Additional Numbers Called and Results:
1. _____
2. _____
3. _____

Notes:
_____
_____
_____

****

FOLLOW-UP INFORMATION

Refer to page _____ for additional information.

Number Called For Follow-up: _____

Date Called/Text: _____ Time Called/Text: _____

Spoke with: _____

Results:
___ Left Voice Mail Message ___ Phone Disconnected: ___ Wrong Number ___ No Voice Mail Set-Up
___ Attempt #1 ___ Attempt #2 ___ Attempt #3 ___ Attempt #4 ___ Attempt #5 ___ # of Attempts

Additional Numbers Called and Results:
1. _____
2. _____
3. _____

Notes:
_____
_____
_____

FOLLOW-UP INFORMATION

Refer to page _____ for additional information.

Number Called For Follow-up: _____

Date Called/Text: _____ Time Called/Text: _____

Spoke with: _____

Results:
__ Left Voice Mail Message ___ Phone Disconnected: ___ Wrong Number __ No Voice Mail Set-Up
__ Attempt #1 __ Attempt #2 __ Attempt #3 __ Attempt #4 __ Attempt #5 __ # of Attempts

Additional Numbers Called and Results:
1. _____
2. _____
3. _____

Notes:
_____
_____
_____

****

FOLLOW-UP INFORMATION

Refer to page _____ for additional information.

Number Called For Follow-up: _____

Date Called/Text: _____ Time Called/Text: _____

Spoke with: _____

Results:
__ Left Voice Mail Message ___ Phone Disconnected: ___ Wrong Number __ No Voice Mail Set-Up
__ Attempt #1 __ Attempt #2 __ Attempt #3 __ Attempt #4 __ Attempt #5 __ # of Attempts

Additional Numbers Called and Results:
1. _____
2. _____
3. _____

Notes:
_____
_____
_____

FOLLOW-UP INFORMATION

Refer to page _____ for additional information.

Number Called For Follow-up: _____

Date Called/Text: _____ Time Called/Text: _____

Spoke with: _____

Results:
__ Left Voice Mail Message ___ Phone Disconnected: ___ Wrong Number __ No Voice Mail Set-Up
__ Attempt #1 __ Attempt #2 __ Attempt #3 __ Attempt #4 __ Attempt #5 __ # of Attempts

Additional Numbers Called and Results:
   1. _____
   2. _____
   3. _____

Notes:
_____
_____
_____

****

FOLLOW-UP INFORMATION

Refer to page _____ for additional information.

Number Called For Follow-up: _____

Date Called/Text: _____ Time Called/Text: _____

Spoke with: _____

Results:
__ Left Voice Mail Message ___ Phone Disconnected: ___ Wrong Number __ No Voice Mail Set-Up
__ Attempt #1 __ Attempt #2 __ Attempt #3 __ Attempt #4 __ Attempt #5 __ # of Attempts

Additional Numbers Called and Results:
   1. _____
   2. _____
   3. _____

Notes:
_____
_____
_____

FOLLOW-UP INFORMATION

Refer to page _____ for additional information.

Number Called For Follow-up: _____

Date Called/Text: _____ Time Called/Text: _____

Spoke with: _____

Results:
___ Left Voice Mail Message ___ Phone Disconnected: ___ Wrong Number ___ No Voice Mail Set-Up
___ Attempt #1 ___ Attempt #2 ___ Attempt #3 ___ Attempt #4 ___ Attempt #5 ___ # of Attempts

Additional Numbers Called and Results:
1. _____
2. _____
3. _____

Notes:
_____
_____
_____

****

FOLLOW-UP INFORMATION

Refer to page _____ for additional information.

Number Called For Follow-up: _____

Date Called/Text: _____ Time Called/Text: _____

Spoke with: _____

Results:
___ Left Voice Mail Message ___ Phone Disconnected: ___ Wrong Number ___ No Voice Mail Set-Up
___ Attempt #1 ___ Attempt #2 ___ Attempt #3 ___ Attempt #4 ___ Attempt #5 ___ # of Attempts

Additional Numbers Called and Results:
1. _____
2. _____
3. _____

Notes:
_____
_____
_____

FOLLOW-UP INFORMATION

Refer to page _____ for additional information.

Number Called For Follow-up: _____

Date Called/Text: _____ Time Called/Text: _____

Spoke with: _____

Results:
__ Left Voice Mail Message ___ Phone Disconnected: ___ Wrong Number __ No Voice Mail Set-Up
__ Attempt #1 __ Attempt #2 __ Attempt #3 __ Attempt #4 __ Attempt #5 __ # of Attempts

Additional Numbers Called and Results:
1. _____
2. _____
3. _____

Notes:
_____
_____
_____

****

FOLLOW-UP INFORMATION

Refer to page _____ for additional information.

Number Called For Follow-up: _____

Date Called/Text: _____ Time Called/Text: _____

Spoke with: _____

Results:
__ Left Voice Mail Message ___ Phone Disconnected: ___ Wrong Number __ No Voice Mail Set-Up
__ Attempt #1 __ Attempt #2 __ Attempt #3 __ Attempt #4 __ Attempt #5 __ # of Attempts

Additional Numbers Called and Results:
1. _____
2. _____
3. _____

Notes:
_____
_____
_____

FOLLOW-UP INFORMATION

Refer to page _____ for additional information.

Number Called For Follow-up: _____

Date Called/Text: _____ Time Called/Text: _____

Spoke with: _____

Results:
__ Left Voice Mail Message ___ Phone Disconnected: ___ Wrong Number __ No Voice Mail Set-Up
__ Attempt #1 __ Attempt #2 __ Attempt #3 __ Attempt #4 __ Attempt #5 __ # of Attempts

Additional Numbers Called and Results:
1. _____
2. _____
3. _____

Notes:
_____
_____
_____

****

FOLLOW-UP INFORMATION

Refer to page _____ for additional information.

Number Called For Follow-up: _____

Date Called/Text: _____ Time Called/Text: _____

Spoke with: _____

Results:
__ Left Voice Mail Message ___ Phone Disconnected: ___ Wrong Number __ No Voice Mail Set-Up
__ Attempt #1 __ Attempt #2 __ Attempt #3 __ Attempt #4 __ Attempt #5 __ # of Attempts

Additional Numbers Called and Results:
1. _____
2. _____
3. _____

Notes:
_____
_____
_____

FOLLOW-UP INFORMATION

Refer to page _____ for additional information.

Number Called For Follow-up: _____

Date Called/Text: _____ Time Called/Text: _____

Spoke with: _____

Results:
___ Left Voice Mail Message ___ Phone Disconnected: ___ Wrong Number ___ No Voice Mail Set-Up
___ Attempt #1 ___ Attempt #2 ___ Attempt #3 ___ Attempt #4 ___ Attempt #5 ___ # of Attempts

Additional Numbers Called and Results:
1. _____
2. _____
3. _____

Notes:
_____
_____
_____

****

FOLLOW-UP INFORMATION

Refer to page _____ for additional information.

Number Called For Follow-up: _____

Date Called/Text: _____ Time Called/Text: _____

Spoke with: _____

Results:
___ Left Voice Mail Message ___ Phone Disconnected: ___ Wrong Number ___ No Voice Mail Set-Up
___ Attempt #1 ___ Attempt #2 ___ Attempt #3 ___ Attempt #4 ___ Attempt #5 ___ # of Attempts

Additional Numbers Called and Results:
1. _____
2. _____
3. _____

Notes:
_____
_____
_____

FOLLOW-UP INFORMATION

Refer to page _____ for additional information.

Number Called For Follow-up: _____

Date Called/Text: _____ Time Called/Text: _____

Spoke with: _____

Results:
__ Left Voice Mail Message ___ Phone Disconnected: ___ Wrong Number __ No Voice Mail Set-Up
__ Attempt #1 __ Attempt #2 __ Attempt #3 __ Attempt #4 __ Attempt #5 __ # of Attempts

Additional Numbers Called and Results:
1. _____
2. _____
3. _____

Notes:
_____
_____
_____

****

FOLLOW-UP INFORMATION

Refer to page _____ for additional information.

Number Called For Follow-up: _____

Date Called/Text: _____ Time Called/Text: _____

Spoke with: _____

Results:
__ Left Voice Mail Message ___ Phone Disconnected: ___ Wrong Number __ No Voice Mail Set-Up
__ Attempt #1 __ Attempt #2 __ Attempt #3 __ Attempt #4 __ Attempt #5 __ # of Attempts

Additional Numbers Called and Results:
1. _____
2. _____
3. _____

Notes:
_____
_____
_____

FOLLOW-UP INFORMATION

Refer to page _____ for additional information.

Number Called For Follow-up: _____

Date Called/Text: _____ Time Called/Text: _____

Spoke with: _____

Results:
__ Left Voice Mail Message ___ Phone Disconnected: ___ Wrong Number __ No Voice Mail Set-Up
__ Attempt #1 __ Attempt #2 __ Attempt #3 __ Attempt #4 __ Attempt #5 __ # of Attempts

Additional Numbers Called and Results:
1. _____
2. _____
3. _____

Notes:
_____
_____
_____

****

FOLLOW-UP INFORMATION

Refer to page _____ for additional information.

Number Called For Follow-up: _____

Date Called/Text: _____ Time Called/Text: _____

Spoke with: _____

Results:
__ Left Voice Mail Message ___ Phone Disconnected: ___ Wrong Number __ No Voice Mail Set-Up
__ Attempt #1 __ Attempt #2 __ Attempt #3 __ Attempt #4 __ Attempt #5 __ # of Attempts

Additional Numbers Called and Results:
1. _____
2. _____
3. _____

Notes:
_____
_____
_____

FOLLOW-UP INFORMATION

Refer to page _____ for additional information.

Number Called For Follow-up: _____

Date Called/Text: _____ Time Called/Text: _____

Spoke with: _____

Results:
__ Left Voice Mail Message ___ Phone Disconnected: ___ Wrong Number __ No Voice Mail Set-Up
__ Attempt #1 __ Attempt #2 __ Attempt #3 __ Attempt #4 __ Attempt #5 __ # of Attempts

Additional Numbers Called and Results:
1. _____
2. _____
3. _____

Notes:
_____
_____
_____
_____

****

FOLLOW-UP INFORMATION

Refer to page _____ for additional information.

Number Called For Follow-up: _____

Date Called/Text: _____ Time Called/Text: _____

Spoke with: _____

Results:
__ Left Voice Mail Message ___ Phone Disconnected: ___ Wrong Number __ No Voice Mail Set-Up
__ Attempt #1 __ Attempt #2 __ Attempt #3 __ Attempt #4 __ Attempt #5 __ # of Attempts

Additional Numbers Called and Results:
1. _____
2. _____
3. _____

Notes:
_____
_____
_____
_____

FOLLOW-UP INFORMATION

Refer to page _____ for additional information.

Number Called For Follow-up: _____

Date Called/Text: _____ Time Called/Text: _____

Spoke with: _____

Results:
__ Left Voice Mail Message ___ Phone Disconnected: ___ Wrong Number __ No Voice Mail Set-Up
__ Attempt #1 __ Attempt #2 __ Attempt #3 __ Attempt #4 __ Attempt #5 __ # of Attempts

Additional Numbers Called and Results:
1. _____
2. _____
3. _____

Notes:
_____
_____
_____

****

FOLLOW-UP INFORMATION

Refer to page _____ for additional information.

Number Called For Follow-up: _____

Date Called/Text: _____ Time Called/Text: _____

Spoke with: _____

Results:
__ Left Voice Mail Message ___ Phone Disconnected: ___ Wrong Number __ No Voice Mail Set-Up
__ Attempt #1 __ Attempt #2 __ Attempt #3 __ Attempt #4 __ Attempt #5 __ # of Attempts

Additional Numbers Called and Results:
1. _____
2. _____
3. _____

Notes:
_____
_____
_____

FOLLOW-UP INFORMATION

Refer to page _____ for additional information.

Number Called For Follow-up: _____

Date Called/Text: _____ Time Called/Text: _____

Spoke with: _____

Results:
__ Left Voice Mail Message ___ Phone Disconnected: ___ Wrong Number __ No Voice Mail Set-Up
__ Attempt #1 __ Attempt #2 __ Attempt #3 __ Attempt #4 __ Attempt #5 __ # of Attempts

Additional Numbers Called and Results:
1. _____
2. _____
3. _____

Notes:
_____
_____
_____

****

FOLLOW-UP INFORMATION

Refer to page _____ for additional information.

Number Called For Follow-up: _____

Date Called/Text: _____ Time Called/Text: _____

Spoke with: _____

Results:
__ Left Voice Mail Message ___ Phone Disconnected: ___ Wrong Number __ No Voice Mail Set-Up
__ Attempt #1 __ Attempt #2 __ Attempt #3 __ Attempt #4 __ Attempt #5 __ # of Attempts

Additional Numbers Called and Results:
1. _____
2. _____
3. _____

Notes:
_____
_____
_____

FOLLOW-UP INFORMATION

Refer to page _____ for additional information.

Number Called For Follow-up: _____

Date Called/Text: _____ Time Called/Text: _____

Spoke with: _____

Results:
__ Left Voice Mail Message ___ Phone Disconnected: ___ Wrong Number __ No Voice Mail Set-Up
__ Attempt #1 __ Attempt #2 __ Attempt #3 __ Attempt #4 __ Attempt #5 __ # of Attempts

Additional Numbers Called and Results:
1. _____
2. _____
3. _____

Notes:
_____
_____
_____

****

FOLLOW-UP INFORMATION

Refer to page _____ for additional information.

Number Called For Follow-up: _____

Date Called/Text: _____ Time Called/Text: _____

Spoke with: _____

Results:
__ Left Voice Mail Message ___ Phone Disconnected: ___ Wrong Number __ No Voice Mail Set-Up
__ Attempt #1 __ Attempt #2 __ Attempt #3 __ Attempt #4 __ Attempt #5 __ # of Attempts

Additional Numbers Called and Results:
1. _____
2. _____
3. _____

Notes:
_____
_____
_____

FOLLOW-UP INFORMATION

Refer to page _____ for additional information.

Number Called For Follow-up: _____

Date Called/Text: _____ Time Called/Text: _____

Spoke with: _____

Results:
___ Left Voice Mail Message ___ Phone Disconnected: ___ Wrong Number ___ No Voice Mail Set-Up
___ Attempt #1 ___ Attempt #2 ___ Attempt #3 ___ Attempt #4 ___ Attempt #5 ___ # of Attempts

Additional Numbers Called and Results:
1. _____
2. _____
3. _____

Notes:
_____
_____
_____

****

FOLLOW-UP INFORMATION

Refer to page _____ for additional information.

Number Called For Follow-up: _____

Date Called/Text: _____ Time Called/Text: _____

Spoke with: _____

Results:
___ Left Voice Mail Message ___ Phone Disconnected: ___ Wrong Number ___ No Voice Mail Set-Up
___ Attempt #1 ___ Attempt #2 ___ Attempt #3 ___ Attempt #4 ___ Attempt #5 ___ # of Attempts

Additional Numbers Called and Results:
1. _____
2. _____
3. _____

Notes:
_____
_____
_____

FOLLOW-UP INFORMATION

Refer to page _____ for additional information.

Number Called For Follow-up: _____

Date Called/Text: _____ Time Called/Text: _____

Spoke with: _____

Results:
__ Left Voice Mail Message ___ Phone Disconnected: ___ Wrong Number __ No Voice Mail Set-Up
__ Attempt #1 __ Attempt #2 __ Attempt #3 __ Attempt #4 __ Attempt #5 __ # of Attempts

Additional Numbers Called and Results:
1. _____
2. _____
3. _____

Notes:
_____
_____
_____

****

FOLLOW-UP INFORMATION

Refer to page _____ for additional information.

Number Called For Follow-up: _____

Date Called/Text: _____ Time Called/Text: _____

Spoke with: _____

Results:
__ Left Voice Mail Message ___ Phone Disconnected: ___ Wrong Number __ No Voice Mail Set-Up
__ Attempt #1 __ Attempt #2 __ Attempt #3 __ Attempt #4 __ Attempt #5 __ # of Attempts

Additional Numbers Called and Results:
1. _____
2. _____
3. _____

Notes:
_____
_____
_____

FOLLOW-UP INFORMATION

Refer to page _____ for additional information.

Number Called For Follow-up: _____

Date Called/Text: _____ Time Called/Text: _____

Spoke with: _____

Results:
___ Left Voice Mail Message ___ Phone Disconnected: ___ Wrong Number ___ No Voice Mail Set-Up
___ Attempt #1 ___ Attempt #2 ___ Attempt #3 ___ Attempt #4 ___ Attempt #5 ___ # of Attempts

Additional Numbers Called and Results:
1. _____
2. _____
3. _____

Notes:
_____
_____
_____

****

FOLLOW-UP INFORMATION

Refer to page _____ for additional information.

Number Called For Follow-up: _____

Date Called/Text: _____ Time Called/Text: _____

Spoke with: _____

Results:
___ Left Voice Mail Message ___ Phone Disconnected: ___ Wrong Number ___ No Voice Mail Set-Up
___ Attempt #1 ___ Attempt #2 ___ Attempt #3 ___ Attempt #4 ___ Attempt #5 ___ # of Attempts

Additional Numbers Called and Results:
1. _____
2. _____
3. _____

Notes:
_____
_____
_____

FOLLOW-UP INFORMATION

Refer to page _____ for additional information.

Number Called For Follow-up: _____

Date Called/Text: _____ Time Called/Text: _____

Spoke with: _____

Results:
__ Left Voice Mail Message ___ Phone Disconnected: ___ Wrong Number __ No Voice Mail Set-Up
__ Attempt #1 __ Attempt #2 __ Attempt #3 __ Attempt #4 __ Attempt #5 __ # of Attempts

Additional Numbers Called and Results:
1. _____
2. _____
3. _____

Notes:
_____
_____
_____

****

FOLLOW-UP INFORMATION

Refer to page _____ for additional information.

Number Called For Follow-up: _____

Date Called/Text: _____ Time Called/Text: _____

Spoke with: _____

Results:
__ Left Voice Mail Message ___ Phone Disconnected: ___ Wrong Number __ No Voice Mail Set-Up
__ Attempt #1 __ Attempt #2 __ Attempt #3 __ Attempt #4 __ Attempt #5 __ # of Attempts

Additional Numbers Called and Results:
1. _____
2. _____
3. _____

Notes:
_____
_____
_____

FOLLOW-UP INFORMATION

Refer to page _____ for additional information.

Number Called For Follow-up: _____

Date Called/Text: _____ Time Called/Text: _____

Spoke with: _____

Results:
__ Left Voice Mail Message ___ Phone Disconnected: ___ Wrong Number __ No Voice Mail Set-Up
__ Attempt #1 __ Attempt #2 __ Attempt #3 __ Attempt #4 __ Attempt #5 __ # of Attempts

Additional Numbers Called and Results:
  1. _____
  2. _____
  3. _____

Notes:
_____
_____
_____

****

FOLLOW-UP INFORMATION

Refer to page _____ for additional information.

Number Called For Follow-up: _____

Date Called/Text: _____ Time Called/Text: _____

Spoke with: _____

Results:
__ Left Voice Mail Message ___ Phone Disconnected: ___ Wrong Number __ No Voice Mail Set-Up
__ Attempt #1 __ Attempt #2 __ Attempt #3 __ Attempt #4 __ Attempt #5 __ # of Attempts

Additional Numbers Called and Results:
  1. _____
  2. _____
  3. _____

Notes:
_____
_____
_____

FOLLOW-UP INFORMATION

Refer to page _____ for additional information.

Number Called For Follow-up: _____

Date Called/Text: _____ Time Called/Text: _____

Spoke with: _____

Results:
___ Left Voice Mail Message ___ Phone Disconnected: ___ Wrong Number ___ No Voice Mail Set-Up
___ Attempt #1 ___ Attempt #2 ___ Attempt #3 ___ Attempt #4 ___ Attempt #5 ___ # of Attempts

Additional Numbers Called and Results:
1. _____
2. _____
3. _____

Notes:
_____
_____
_____

****

FOLLOW-UP INFORMATION

Refer to page _____ for additional information.

Number Called For Follow-up: _____

Date Called/Text: _____ Time Called/Text: _____

Spoke with: _____

Results:
___ Left Voice Mail Message ___ Phone Disconnected: ___ Wrong Number ___ No Voice Mail Set-Up
___ Attempt #1 ___ Attempt #2 ___ Attempt #3 ___ Attempt #4 ___ Attempt #5 ___ # of Attempts

Additional Numbers Called and Results:
1. _____
2. _____
3. _____

Notes:
_____
_____
_____

FOLLOW-UP INFORMATION

Refer to page _____ for additional information.

Number Called For Follow-up: _____

Date Called/Text: _____ Time Called/Text: _____

Spoke with: _____

Results:
__ Left Voice Mail Message ___ Phone Disconnected: ___ Wrong Number __ No Voice Mail Set-Up
__ Attempt #1 __ Attempt #2 __ Attempt #3 __ Attempt #4 __ Attempt #5 __ # of Attempts

Additional Numbers Called and Results:
  1. _____
  2. _____
  3. _____

Notes:
_____
_____
_____

****

FOLLOW-UP INFORMATION

Refer to page _____ for additional information.

Number Called For Follow-up: _____

Date Called/Text: _____ Time Called/Text: _____

Spoke with: _____

Results:
__ Left Voice Mail Message ___ Phone Disconnected: ___ Wrong Number __ No Voice Mail Set-Up
__ Attempt #1 __ Attempt #2 __ Attempt #3 __ Attempt #4 __ Attempt #5 __ # of Attempts

Additional Numbers Called and Results:
  1. _____
  2. _____
  3. _____

Notes:
_____
_____
_____

FOLLOW-UP INFORMATION

Refer to page _____ for additional information.

Number Called For Follow-up: _____

Date Called/Text: _____ Time Called/Text: _____

Spoke with: _____

Results:
__ Left Voice Mail Message ___ Phone Disconnected: ___ Wrong Number __ No Voice Mail Set-Up
__ Attempt #1 __ Attempt #2 __ Attempt #3 __ Attempt #4 __ Attempt #5 __ # of Attempts

Additional Numbers Called and Results:
1. _____
2. _____
3. _____

Notes:
_____
_____
_____

****

FOLLOW-UP INFORMATION

Refer to page _____ for additional information.

Number Called For Follow-up: _____

Date Called/Text: _____ Time Called/Text: _____

Spoke with: _____

Results:
__ Left Voice Mail Message ___ Phone Disconnected: ___ Wrong Number __ No Voice Mail Set-Up
__ Attempt #1 __ Attempt #2 __ Attempt #3 __ Attempt #4 __ Attempt #5 __ # of Attempts

Additional Numbers Called and Results:
1. _____
2. _____
3. _____

Notes:
_____
_____
_____

FOLLOW-UP INFORMATION

Refer to page _____ for additional information.

Number Called For Follow-up: _____

Date Called/Text: _____ Time Called/Text: _____

Spoke with: _____

Results:
__ Left Voice Mail Message ___ Phone Disconnected: ___ Wrong Number __ No Voice Mail Set-Up
__ Attempt #1 __ Attempt #2 __ Attempt #3 __ Attempt #4 __ Attempt #5 __ # of Attempts

Additional Numbers Called and Results:
1. _____
2. _____
3. _____

Notes:
_____
_____
_____

****

FOLLOW-UP INFORMATION

Refer to page _____ for additional information.

Number Called For Follow-up: _____

Date Called/Text: _____ Time Called/Text: _____

Spoke with: _____

Results:
__ Left Voice Mail Message ___ Phone Disconnected: ___ Wrong Number __ No Voice Mail Set-Up
__ Attempt #1 __ Attempt #2 __ Attempt #3 __ Attempt #4 __ Attempt #5 __ # of Attempts

Additional Numbers Called and Results:
1. _____
2. _____
3. _____

Notes:
_____
_____
_____

FOLLOW-UP INFORMATION

Refer to page _____ for additional information.

Number Called For Follow-up: _____

Date Called/Text: _____   Time Called/Text: _____

Spoke with: _____

Results:
__ Left Voice Mail Message ___ Phone Disconnected: ___ Wrong Number __ No Voice Mail Set-Up
__ Attempt #1 __ Attempt #2 __ Attempt #3 __ Attempt #4 __ Attempt #5 __ # of Attempts

Additional Numbers Called and Results:
   1. _____
   2. _____
   3. _____

Notes:
_____
_____
_____

****

FOLLOW-UP INFORMATION

Refer to page _____ for additional information.

Number Called For Follow-up: _____

Date Called/Text: _____   Time Called/Text: _____

Spoke with: _____

Results:
__ Left Voice Mail Message ___ Phone Disconnected: ___ Wrong Number __ No Voice Mail Set-Up
__ Attempt #1 __ Attempt #2 __ Attempt #3 __ Attempt #4 __ Attempt #5 __ # of Attempts

Additional Numbers Called and Results:
   1. _____
   2. _____
   3. _____

Notes:
_____
_____
_____

FOLLOW-UP INFORMATION

Refer to page _____ for additional information.

Number Called For Follow-up: _____

Date Called/Text: _____ Time Called/Text: _____

Spoke with: _____

Results:
__ Left Voice Mail Message ___ Phone Disconnected: ___ Wrong Number __ No Voice Mail Set-Up
__ Attempt #1 __ Attempt #2 __ Attempt #3 __ Attempt #4 __ Attempt #5 __ # of Attempts

Additional Numbers Called and Results:
1. _____
2. _____
3. _____

Notes:
_____
_____
_____

****

FOLLOW-UP INFORMATION

Refer to page _____ for additional information.

Number Called For Follow-up: _____

Date Called/Text: _____ Time Called/Text: _____

Spoke with: _____

Results:
__ Left Voice Mail Message ___ Phone Disconnected: ___ Wrong Number __ No Voice Mail Set-Up
__ Attempt #1 __ Attempt #2 __ Attempt #3 __ Attempt #4 __ Attempt #5 __ # of Attempts

Additional Numbers Called and Results:
1. _____
2. _____
3. _____

Notes:
_____
_____
_____

FOLLOW-UP INFORMATION

Refer to page _____ for additional information.

Number Called For Follow-up: _____

Date Called/Text: _____ Time Called/Text: _____

Spoke with: _____

Results:
__ Left Voice Mail Message ___ Phone Disconnected: ___ Wrong Number __ No Voice Mail Set-Up
__ Attempt #1 __ Attempt #2 __ Attempt #3 __ Attempt #4 __ Attempt #5 __ # of Attempts

Additional Numbers Called and Results:
   1. _____
   2. _____
   3. _____

Notes:
_____
_____
_____

****

FOLLOW-UP INFORMATION

Refer to page _____ for additional information.

Number Called For Follow-up: _____

Date Called/Text: _____ Time Called/Text: _____

Spoke with: _____

Results:
__ Left Voice Mail Message ___ Phone Disconnected: ___ Wrong Number __ No Voice Mail Set-Up
__ Attempt #1 __ Attempt #2 __ Attempt #3 __ Attempt #4 __ Attempt #5 __ # of Attempts

Additional Numbers Called and Results:
   1. _____
   2. _____
   3. _____

Notes:
_____
_____
_____

FOLLOW-UP INFORMATION

Refer to page _____ for additional information.

Number Called For Follow-up: _____

Date Called/Text: _____ Time Called/Text: _____

Spoke with: _____

Results:
__ Left Voice Mail Message ___ Phone Disconnected: ___ Wrong Number __ No Voice Mail Set-Up
__ Attempt #1 __ Attempt #2 __ Attempt #3 __ Attempt #4 __ Attempt #5 __ # of Attempts

Additional Numbers Called and Results:
   1. _____
   2. _____
   3. _____

Notes:
_____
_____
_____

****

FOLLOW-UP INFORMATION

Refer to page _____ for additional information.

Number Called For Follow-up: _____

Date Called/Text: _____ Time Called/Text: _____

Spoke with: _____

Results:
__ Left Voice Mail Message ___ Phone Disconnected: ___ Wrong Number __ No Voice Mail Set-Up
__ Attempt #1 __ Attempt #2 __ Attempt #3 __ Attempt #4 __ Attempt #5 __ # of Attempts

Additional Numbers Called and Results:
   1. _____
   2. _____
   3. _____

Notes:
_____
_____
_____

FOLLOW-UP INFORMATION

Refer to page _____ for additional information.

Number Called For Follow-up: _____

Date Called/Text: _____ Time Called/Text: _____

Spoke with: _____

Results:
__ Left Voice Mail Message ___ Phone Disconnected: ___ Wrong Number __ No Voice Mail Set-Up
__ Attempt #1 __ Attempt #2 __ Attempt #3 __ Attempt #4 __ Attempt #5 __ # of Attempts

Additional Numbers Called and Results:
   1. _____
   2. _____
   3. _____

Notes:
_____
_____
_____

****

FOLLOW-UP INFORMATION

Refer to page _____ for additional information.

Number Called For Follow-up: _____

Date Called/Text: _____ Time Called/Text: _____

Spoke with: _____

Results:
__ Left Voice Mail Message ___ Phone Disconnected: ___ Wrong Number __ No Voice Mail Set-Up
__ Attempt #1 __ Attempt #2 __ Attempt #3 __ Attempt #4 __ Attempt #5 __ # of Attempts

Additional Numbers Called and Results:
   1. _____
   2. _____
   3. _____

Notes:
_____
_____
_____

NOTES

NOTES

NOTES

NOTES

NOTES

NOTES

NOTES

NOTES

NOTES

NOTES

NOTES

NOTES

NOTES

NOTES

NOTES

NOTES

NOTES

NOTES

NOTES

NOTES

NOTES

NOTES

NOTES

NOTES

NOTES

NOTES

NOTES

NOTES

NOTES

NOTES

NOTES

NOTES

NOTES

NOTES

NOTES

NOTES

NOTES

NOTES

NOTES

NOTES

NOTES

NOTES

NOTES

NOTES

NOTES

NOTES

NOTES

NOTES

NOTES

NOTES

NOTES

NOTES

THANK YOU!

Thanks again for purchasing this book!

Listed below are some of the other books written by Deirdre Haynes:

The Vault   **The Vault: Therapist's Edition**

The Vault: Anxiety Edition   **The Vault: Depression Edition**

The Vault: Journal for Women   **The Vault: Journal for Men**

The Vault: Gratitude Journal   **The Big Book of Communications**

Blindspots: Everything you DIDN'T know you needed to know about starting a Mental Health Practice